UMBANDA
A NOVA ERA CHEGOU

SANDRO LUIZ
E MURILLO HIARLLEY

UMBANDA
A NOVA ERA CHEGOU

MADRAS®

© 2023, Madras Editora Ltda.

Editor:
Wagner Veneziani Costa (*in memoriam*)

Produção e Capa:
Equipe Técnica Madras

Foto de Sandro Luiz:
Arquivo Pessoal Sandro Luiz

Foto de Murillo Hiarlley:
Maiara Bevilaqua

Revisão:
Ana Paula Luccisano
Arlete Genari

**Dados Internacionais de Catalogação na Publicação
(CIP)(Câmara Brasileira do Livro, SP, Brasil)**

Luiz, Sandro
Umbanda: a nova era chegou/Sandro Luiz, Murillo Hiarlley. – São Paulo: Madras Editora, 2023.

ISBN 978-65-5620-028-6

2ed.

    1. Espiritualidade 2. Umbanda 3. Umbanda
Culto) – Rituais I. Hiarlley, Murillo. II. Título.

21-82510   CDD-299.672

    Índices para catálogo sistemático:
    1. Umbanda: Doutrina, rituais e comportamento:
    Religiões afro-brasileiras   299.672
    Aline Graziele Benitez – Bibliotecária – CRB-1/3129

É proibida a reprodução total ou parcial desta obra, de qualquer forma ou por qualquer meio eletrônico, mecânico, inclusive por meio de processos xerográficos, incluindo ainda o uso da internet, sem a permissão expressa da Madras Editora, na pessoa de seu editor (Lei nº 9.610, de 19/2/1998).

Todos os direitos desta edição reservados pela

MADRAS EDITORA LTDA.
Rua Paulo Gonçalves, 88 – Santana
CEP: 02403-020 – São Paulo/SP
Tel.: (11) 2281-5555 – (11) 98128-7754
www.madras.com.br

Eu Contemplo o Mundo

Eu contemplo o mundo,
onde o Sol reluz,
onde as estrelas brilham,
onde as pedras jazem,
onde as plantas vivem
e vivendo crescem,
onde os bichos sentem
e sentindo vivem,
onde já o homem,
tendo em si a alma,
abrigou o espírito.
Eu contemplo a alma
que reside em mim.
O divino espírito
age dentro dela,
assim como atua
sobre a luz do Sol.
Ele paira fora,
na amplidão do espaço
e nas profundezas
da alma também.
A Ti eu suplico,
ó divino Espírito,
que bênção e força,
para o aprender,
para o trabalhar,
cresçam dentro de mim.

Rudolf Steiner

Dedicatória

Dedicamos este livro a tudo que existiu, existe e ainda existirá. E a toda espiritualidade que, com seu AMOR e companhia, nos inspira a cada dia desta jornada chamada VIDA!

Agradecimentos

Com muito amor, carinho e respeito por suas escolhas, agradeço ao meu pai Zuino Telles e à minha mãe Vitória Viana Telles, que por seu encontro nesta vida me proporcionaram a oportunidade de vivenciar esta experiência em um momento tão especial e único na Grande Mãe Gaia. Às minhas irmãs, Magali, Mirtes, Morgana e Maira, minha gratidão pelos ensinamentos, parceria, companhia, cuidados e por sempre estarem presentes de todas as formas. Ao meu irmão Zuino Merlonio, minha gratidão por a cada dia me ajudar a praticar a paciência e a inspiração abnegada pela sede do conhecimento, bem como o desejo de ir além das aparências. Ao Seu Luís, Dona Suely e Annalívia, cujo amor transcende toda e qualquer linha de tempo e espaço, minha gratidão eterna por mais esta oportunidade de nos encontrarmos. À minha irmã de alma, Emília, ao grande companheiro de caminhada, Arnaldo, minha gratidão por todas as nossas conversas, encontros e aprendizados constantes. Agradeço ao irmão de alma, Sandro, que a espiritualidade nos colocou frente a frente para mais esta parceria em nossa jornada, quem sabe até em outras linhas do tempo e espaço, com um grande sentimento fraterno. Agradeço aos mestres, guias, mentores e a todos os companheiros carnais e espirituais, que me protegem e me guiam todos os dias de minha vida. Agradeço à minha amada chama gêmea, seja ela quem for e onde estiver. A todos e todas que não foram mencionados aqui, mas se encontram em meu coração, gratidão por sua existência.

Murillo Hiarlley

Toda boa construção se dá a partir de um bom alicerce. E tudo o que estamos construindo nesta vida, dentro e fora do terreiro de Umbanda, assim como as músicas e este livro, está tendo como alicerce umas das estruturas mais firmes do planeta e, por que não dizer, entre mundos e dimensões: o alicerce chamado FAMÍLIA!

Agradeço à minha família carnal: meu pai Raimundo, minha mãe Gera; minhas filhas Bianca, Beatriz e Julia; meu filho Italo e meu neto Bernardo.

Agradeço a toda a minha família e egrégora espiritual, por toda sustentação, amparo, ensinamentos e direcionamentos para chegar até aqui, sabendo que temos ainda muito a caminhar e a construir.

Agradeço ao meu avô, Caboclo Tupinambá, e ao meu mestre e mentor, Caboclo Ubirajara, por me deixar caminhar ao seu lado nesta vida, como aluno e um eterno aprendiz.

Agradeço ao meu pai Oxóssi, à minha mãe Oxum por todo amparo e amor. À mãe Iansã, a grande força motora desta Nova Era. Ao meu pai Xangô, como não agradecer ao Senhor por toda essa proteção e ensinamento, para ter capacidade e merecimento e chegar ao topo dessa grande montanha!

Agradeço ao meu verdadeiro amigo, irmão e filho, Eduardo Dantas, por vivenciarmos todo esse caminho para chegar até aqui e sempre acreditando no propósito maior, que é o despertar espiritual – a nossa evolução.

A meu grande irmão de vidas, mundos, eras, Murillo Hiarlley. Primeiro agradeço à espiritualidade por nos juntar novamente nesta vida. E agradeço a você, por me dar a mão para caminharmos juntos neste movimento da Nova Era, pois todos somos UM.

Agradeço a toda equipe da Madras Editora pelo convite, por acreditar neste grande projeto da espiritualidade e ser a ferramenta de divulgação desta experiência, que foi transformada neste livro.

Ao leitor, eu, Sandro Luiz, agradeço a seu carinho pelo nosso trabalho. Tenha certeza de que estamos fazendo tudo com muito AMOR, CARINHO e RESPEITO, por todos vocês e por toda Espiritualidade de Luz.

NINGUÉM PODE MAIS QUE D EU S!*

Sandro Luiz

---

* Usaremos a grafia D EU S em todo o livro, destacando a sílaba central EU, mostrando que somos uma partícula da Grande Fonte Criadora do Universo, Deus, o UM.

Índice

Agradecimentos 9
Prefácio 13
Introdução 15
Os Sinais da Espiritualidade 21
"Olha que o Céu Clareou..." "Quando o Dia Raiou..."
"Fez o Filho Pensar" 25
"A Mãe do Tempo Mandou..." "A Nova Era Chegou!" 29
A Umbanda 35
Antes de Tudo, Uma Escolha! 38
A Umbanda na Nova Era 42
Espiritualidade 46
As Necessidades Humanas e Sua Importância no
Processo Evolutivo 54
   O Ciclo das Necessidades e Suas Conexões: Física –
   Mental/Psicológica – Emocional – Espiritual 55
   As Necessidades e a Busca pela Espiritualidade 58
Consciência e Expansão 60
Dimensões e Planos Dimensionais 64
   Dimensões para a Física Clássica 65
   Dimensões na Atualidade 68
   Dimensões e Espiritualidade 69
   Quinta Dimensão e a Nova Era 70
   Dualidade e a Ilusão da Separação 71
Todos Somos Um... Um Somos Todos. 78

Desenvolvimento Espiritual 82
Mediunidade Consciente 91
A Força do Coletivo 97
A Importância da Presença no Momento Presente 105
Sentir 113
  A Importância do Sentir na Umbanda 117
Silenciar 122
Caridade? 127
  Caridade na Umbanda 131
O Ego e Suas Ramificações 134
Cura/Curar/Curador 139
O Poder da Intenção 146
Praticando a Intenção 151
  A Dança da Criação 151
Considerações Finais 163
  Ser Humano X Estar Humano... Eis a Questão 165
  Anunciação 168

Prefácio

"A Nova Era Chegou!"

E foi assim que recebemos o anúncio de Novos Tempos para toda humanidade...

Uma canção canalizada por um pai de santo da Umbanda avisava a todos nós sobre o amanhecer de uma Nova Era.

A princípio pode parecer estranho: "Como assim, um pai de santo falando sobre isso?!"

Mas é justamente essa a essência mais profunda desta fase que acaba de nascer... Onde tudo se mistura, tudo está em todos e todos estão no "Um".

Não por acaso, a frase que sintetiza este período é: "Todos Somos Um!"

Mas, afinal, o que isso significa em nossas Vidas?!

Que estamos em plena transição de percepção das coisas, do mundo, de nós!

Subimos um "degrau" na dimensão da consciência e, aos poucos, uma luz se acende, iluminando o que antes não conseguíamos enxergar: "Sou herdeiro do Criador, criador eu também Sou".

É chegado o momento de tomar posse consciente desse Poder que nos foi confiado, na certeza absoluta de que, por meu intermédio (a parte), D EU S (o UM) se torna Vivo no mundo manifesto.

A humanidade sempre estará amparada pela espiritualidade sagrada, mas o Grande Chamado é para que possamos "Caminhar com as próprias pernas", transformando o conhecimento há tempos ofertado pelos Guias de Luz, nos terreiros de Umbanda, em Sabedoria, na prática de nossas vidas, no nosso dia a dia.

Assim, a palavra Autorresponsabilidade é a "bússola" vigente para todos nós.

Como num corpo composto por células, para que a "Unidade" esteja saudável, é imprescindível que cada "parte" se responsabilize por seu melhor... O "Corpo", o "Todo", o "Um", que agrega as "células", as "partes", as "bandas": UmBanda.

Não, realmente não foi "por acaso" que essa canção chegou por meio de um pai de santo da Umbanda, a religião que traz no próprio nome a essência da Nova Era!

Agora, temos o privilégio de mais ensinamentos e esclarecimentos por meio da obra que você, querido leitor, tem em mãos: *Umbanda – A Nova Era Chegou* é um livro que se propõe a juntar, unir, integrar a "banda" da religião, pela visão de um sacerdote de Umbanda, Sandro Luiz, e um profissional das Ciências Humanas e universalista, Murillo Hiarlley, unindo "peças" para melhor entender esse verdadeiro "Mosaico" que é D EU S!

Os autores fazem um convite a cada um de nós, para uma reflexão da importância do nosso comprometimento pessoal de nos tornarmos agentes da transformação que queremos ver no mundo, para o nascimento de uma Nova Humanidade, de Paz, Amor e Respeito, entre todos os povos, todas as cores, todos os sexos, todas as crenças, todos os seres...

Todas as "bandas" integradas compondo a Harmonia do "Um"!
Salve a UmBanda!
Salve a Nova Era!
Salve a UmBanda na Nova Era!
Desejamos que esta leitura seja o "gatilho" que desperte em você a consciência sobre o divino que lhe habita e que seus olhos possam se abrir para o divino, que também faz morada em tudo o que existe...

Amém, Axé, Saravá...
Assim é e assim sempre será!

Carla Careca

Introdução

Nem nos nossos mais profundos sonhos e desejos poderíamos imaginar que algumas conversas e algumas percepções nos levariam a um projeto como este que iniciamos agora. Durante muitos anos sentimos que teria algo a ser realizado, mas não conseguíamos traduzir nem lapidar de alguma forma o que exatamente iríamos fazer. Não sabíamos ainda por onde começar, nem como isso iria acontecer, apenas iniciamos alguns rabiscos e rascunhos, e cá estamos nós, escrevendo um primeiro livro do que sabemos que será somente um pontapé inicial para o verdadeiro projeto que está por vir. Gostaríamos de ressaltar que este livro não contará a história da Umbanda, nem terá uma releitura dessa história da nossa perspectiva. O que faremos será mostrar o resultado de duas visões distintas que, no final, conseguimos perceber que são as mesmas coisas, porém de ângulos diferentes. Temos a visão de um sacerdote de Umbanda, que nasceu e cresceu dentro de um terreiro, e vem se aprofundando e expandindo sua vida dentro da religião, fundindo-se com a visão de um espiritualista universalista, que tem como base uma visão científica integrativa de todas as práticas, tanto da ciência quanto da parte energética.

Não queremos aqui trazer verdades absolutas, nem teses, nem falas a serem engolidas, sem ao menos digerir ou observar o verdadeiro sentido para cada um que entrar em contato com essa sintonia que propomos; somos apenas os intermediários de algo que nos foi concedido. Não tirando nossa responsabilidade e conhecimento adquirido em experiência de vida e estudos, é claro, mas tendo a consciência de que tudo que fizemos e ainda faremos vai nos lapidar cada vez mais para a realização de um plano maior com o qual a espiritualidade nos presenteou, com o intuito de mostrar que todos nós neste momento de escolhas seremos os motores para levar adiante de, forma conjunta, esse despertar de consciência tanto individual quanto planetária.

Trazemos aqui a nossa percepção de como os ensinamentos dos guias de luz e entidades se apresentam dentro dos terreiros de Umbanda na Nova Era. Por exemplo, quando um Preto-Velho, em toda sua simplicidade e humildade, conta as suas histórias de vida dentro das giras em um terreiro; que ao chegar ao fim de um dia, cansado de trabalhar sol a sol após mais de 12 horas de lida, em suas poucas horas de descanso na senzala, ele rezava e pedia para Zambi mais um dia de vida. Para nós, isso é uma demonstração de FÉ, que ninguém nasceu para sofrer e que, apesar das dificuldades, ele acreditava que no dia seguinte poderia ser melhor. Faz muito tempo que escutamos essas histórias nos terreiros de Umbanda, e com a Nova Era sentimos esse movimento de uma forma muito mais forte, de que eles querem nos ensinar que podemos sempre ser melhores e alcançar o que desejamos. Depende de nós seguir adiante, assumindo nossas responsabilidades, sabendo que tudo o que fizermos terá uma consequência e que se plantarmos "a semente do bem", com certeza, iremos colher "o fruto do bem".

Podemos sentir esse mesmo movimento por meio das energias dos Orixás, por exemplo, a energia do Orixá Exu. Essa energia é a representatividade da força, do poder, da vitalidade/virilidade, da realização e abertura dos caminhos para toda as áreas da vida. Esse Orixá nos mostra que, empoderados dessa essência, podemos ter tudo que quisermos, com responsabilidade, merecimento e dentro da lei maior. A energia desse Orixá nos permite abrir os caminhos e possibilita seguir por eles, porém, temos de nos atentar às nossas atitudes nesse percurso. Tudo será resultado de nossas escolhas, por isso devemos ter clareza do que pedimos e do que estamos construindo. Aprendendo a sentir, respeitar e estar em sintonia com a energia do Orixá Exu, ele não vai dar o que queremos, mas irá conceder o impulso para despertarmos nossa força e, assim, atingirmos nossas conquistas.

Quantas vezes ouvimos, dentro do terreiro, os guias nos falando que precisamos cuidar da nossa coroa/cabeça; que não podemos deixar quem não confiamos tocar nela e fazer todo e qualquer tipo de movimento sem a nossa permissão. Quantas vezes os guias nos falam durante a gira para observar nossos pensamentos e aonde nossa cabeça está nos levando. São muitas as perspectivas para adentrar nesse processo. E dentro desse âmbito, vemos como a Ciência Psicológica entrou no circuito e por onde a parceria de uma perspectiva científica se uniu a uma ponte da espiritualidade para a realização deste trabalho. Trata-se de mais um sinal e movimento de que tudo tem uma conexão, e sabendo usar todas as ferramentas que nos forem apresentadas, podemos ir mais fundo em nós mesmos e em nossa evolução. Se olharmos o cenário mundial neste momento, poderemos perceber a necessidade de se aprofundar e entender cada vez mais a Saúde Mental e suas vertentes. E se falamos que a Nova Era é a era da responsabilidade e do autoconhecimento, não é por acaso que estamos mostrando que ambas podem caminhar juntas para amplificar o processo mental na espiritualidade e a espiritualidade no mental. Foi nesse caminho que a parceria foi se aperfeiçoando mais a cada dia, no qual as peças do quebra-cabeça foram sendo montadas. Trabalhar a coroa/cabeça é também olhar para a perspectiva mental e para tudo que com ela se relaciona. Dentro dos terreiros, com a espiritualidade, com suas relações no cotidiano e para a vida como um todo.

Com isso, sentimos a necessidade de uma mudança e de uma reformulação não só de como nos vemos e nos relacionamos, mas também de uma verdadeira transmutação de nossas energias passadas para adentrar, de forma consciente e direta, nesse novo momento cósmico, sentido aqui no planeta Terra. Muito se fala em algumas religiões, filosofias e vertentes universalistas de uma transição planetária, até mesmo de um ponto de vista nos campos físicos do planeta. Com isso, sentimos uma necessidade de também inserir reflexões sobre dimensões, campos dimensionais e de como a Umbanda está inserida e também atua nesses movimentos. Para nós, a Umbanda tem uma relação direta com essa percepção, por se tratar de uma vertente com uma visão ampla e que atua de forma prática com os seres do plano espiritual. Isso nada mais é que perceber, de uma perspectiva mais abrangente, como essa linguagem está atrelada aos ensinamentos dos guias. Olhando desse ponto de vista, é o que chamamos de plano espiritual, como um paralelo à dimensionalidade. Ou seja, os "planos" são as dimensões que usamos como forma de sinalizar essa relação com a espiritualidade. Nesse sentido, vemos que a Umbanda já atua com esses campos dimensionais há muito tempo (Aruanda, por exemplo), mas de acordo com as eras e os locais, as entidades só foram adaptando esse linguajar. Portanto, ao falar dos campos dimensionais, estamos trazendo uma forma de perceber muito mais a integralidade de todos os movimentos dessa Nova Era. Até o termo 5ª dimensão, que possivelmente já ouvimos em algum momento, tem essa relação de como estamos sendo provocados para a autonomia em nossas vidas. Isso é a Nova Era, uma interação mais consciente e clara com outras dimensões e esferas.

As palavras que trazemos aqui são formas de refletir não a um novo modo de pensamento, mas a um convite para senti-las e os significados da vida e do viver de maneira diferente, com perspectivas mais claras da nossa vida e das nossas responsabilidades neste momento. Sabemos que nada é por acaso, nem mesmo estarmos encarnados, todos juntos, neste momento tão difícil e tão especial energeticamente para a Terra e para essa dimensão em que estamos vivendo. E é aqui que talvez esteja nosso maior convite... De participar desse movimento e de adentrar em níveis mais profundos do existir, da vida, das vidas, do TODO, de TUDO, de D EU S, de todos nós. Não se trata de trazer algo a ser seguido, mas de algo a ser observado, refletido, analisado e sentido. E a partir de nossas próprias percepções trazer o verdadeiro sentido adormecido em nossos corações, para nosso existir.

O convite maior nessa primeira etapa que trazemos é para aguçar cada um, se assim desejar e permitir, a entrar em contato mais amplo com tudo que existe dentro de si. Sem julgamentos, apenas olhar, aceitar e respeitar a princípio. E assim, quem sabe – se assim for o desejo real do seu ser –, adentrar em um caminho evolutivo e dar o próximo passo no seu autodesenvolvimento. Podemos dizer que o nosso desejo real é que essa experiência possa impulsionar a uma verdadeira expansão da sua consciência, seja ela a humana, seja a divina (espiritual), para que, assim, você assuma sua responsabilidade perante a si e ao Todo, para seguir seu caminho de amor e luz.

Tentamos desenvolver uma linguagem absolutamente simples e direta, acessível a todos, e com chaves em cada capítulo, para que você se permita entrar nesse caminho da espiritualidade consciencial e plena. E tendo uma oportunidade, compartilhá-la de forma que ela se torne um canal para que todos possam estar em um mesmo horizonte, ainda que por ângulos e caminhos diferentes.

Em cada etapa, existem convites para aceitar ou não esse caminho do despertar na direção de sua verdadeira origem, sempre com muito amor, respeito e carinho pelo Criador e pelas criaturas. Eis o que apresentamos com a ideia de construir uma base sólida e consistente, para que toda a construção que individualmente for escolhida possa ser direcionada pelo mais profundo existir de cada ser.

Portanto, desejamos que cada palavra possa servir de gatilho para sua reflexão sincera e verdadeira, para trazer de alguma forma a ativação da divindade interna de cada um, para que possamos sentir o que eventualmente possa ser o grande salto nessa Nova Era: lembrar que todos e tudo são, na verdade, UM SÓ SER!

Esse é o convite para os demais convites, recordar e sentir a máxima universal, pois este é o momento, pois esta é a hora, pois este é o sentido do sentir e de estarmos aqui: SER UM SÓ NA SINTONIA DO CRIADOR E DE TODA A CRIAÇÃO!

SEJAM TODOS MUITO BEM-VINDOS À NOVA ERA!

SEJAM TODOS MUITO BEM-VINDOS À UMBANDA NA NOVA ERA!

Ela é Oyá

Olha que o céu clareou
Quando o dia raiou
Fez o filho pensar.

A Mãe do Tempo mandou
A Nova Era chegou
Agora vamos plantar.

Do humaitá Ogum bradou
Senhor Oxóssi atinou
Iansã vai chegar.

O Ogã já firmou
O Atabaque afinou
Agora vamos cantar.

A eparrei ela é Oyá, ela é Oyá!
A eparrei é Iansã, é Iansã!
A eparrei!

Quando Iansã vai pra batalha
Todos os cavaleiros param
Só pra ver ela passar.

Os Sinais da Espiritualidade

Em 27 de abril de 2021 fez nove anos que recebi da espiritualidade o presente da música de Iansã, "Ela é Oyá". Quando isso ocorreu, talvez não tivesse percebido a grande mensagem que estava sendo anunciada e o que viria a ser mais compreendido neste momento da minha vida. Era mais uma consagração dentro da casa do Caboclo Tupinambá e Sultão das Matas, e como uma homenagem a esse momento, em um dia de reflexão, surgiram algumas palavras em mente que resultaram nesse movimento de canalização dessa linda letra que, desde então, vem me acompanhando e aos filhos e filhas que com ela se conectaram e conseguiram ressoar nessa vibração de Amor e Luz. Com toda certeza, esse foi mais um dos grandes sinais de que as entidades já vinham nos preparando para compreender e ativar várias percepções do que poderia ser nossa atuação nessa caminhada na Umbanda na Nova Era. Cada dia que passa, percebo mais como em todos os momentos de nossas vidas somos abençoados, protegidos, amparados e estamos sendo semeados com o conhecimento divino dos Orixás. Cada ação que sentimos vinda da espiritualidade é um direcionador em nossa jornada nesta vida e em nossa existência. Temos todos os recursos de que precisamos para construir nossa caminhada mais profunda e mais suave. Só temos de perceber os sinais e construir de forma consciente essa conexão com a espiritualidade e com todo esse movimento, para que nossa missão seja cumprida aqui na Terra.

O Ritual de uma consagração para se tornar um sacerdote/sacerdotisa de Umbanda, é um momento de transição, em que nossas responsabilidades individuais e coletivas se tornam mais profundas e se expandem muito. Trata-se de um movimento de transição e de um ancoramento mais intenso com nossa espiritualidade. Tornamo-nos um canal mais direto e um mediador mais expansivo dos nossos mentores, dentro de nossas vidas. Assumimos um papel perante a nossa vida espiritual, tornando-nos semeadores e responsáveis por semear tudo que vem de D EU S. É um momento único na vida de um filho/filha da Umbanda, assim como na vida de todos que estiverem em contato com quem passar por essa iniciação. E foi dentro desse contexto que a mensagem de Iansã começou a reverberar em meu coração e, na sequência, com a intuição direcionada pela Mãe do Tempo e do Movimento, isso se materializou em forma de canção.

Depois de todos esses anos, e com toda expansão de consciência que vem ocorrendo hoje, diante desse projeto que acabou se transformando em um livro, sinto que Iansã quis já me preparar para o que estava por vir. E como sabemos que tudo vem no tempo certo, e que a espiritualidade nos envia e nos prepara tudo de acordo com o que iremos precisar em cada situação da vida, neste instante posso mencionar essa construção que está sendo manifestada e mais percebida em todo nosso planeta. Todo dia é uma oportunidade de crescimento, evolução, aprendizado e da manifestação de D EU S. E todos os dias em que o *"CÉU CLAREOU"*, em que *"O DIA RAIOU"*, podemos perceber o quanto temos a escolha de tomar as rédeas de nossas vidas e assumir nosso compromisso em tudo que fazemos. E para que isso ocorra temos de *"FAZER O FILHO PENSAR"*. Estamos em um momento de assumir as responsabilidades por tudo que fazemos, e isso vem da qualidade de nossos pensamentos. Nessa Nova Era, não poderemos mais seguir cegamente o que uma ou algumas pessoas falam. Precisamos *"PENSAR"*! Pensar no verdadeiro sentido e propósito de nossas ações, além das consequências que elas possam gerar. Seremos cada vez mais envolvidos em nosso próprio interior, por meio de nossos pensamentos, emoções, sentimentos e atitudes, para sermos os direcionadores conscientes das nossas vidas. Temos e sempre teremos o apoio dos guias espirituais da Umbanda para isso.

Iansã vem trazendo esse movimento de expansão e evolução, e nos dá a oportunidade de caminhar com ela nessa Nova Era.

Temos Ogum e Oxóssi como direcionadores, anunciando e preparando o caminho com conhecimento e proteção para Iansã fazer o tempo girar e os ventos, com ela, a Nova Era se movimentar. Eu sinto Ogum como o grande guerreiro, o General da Umbanda, um verdadeiro estrategista. Ele não precisa ir para o combate, mas ele organiza tudo de que necessita para ganhar a guerra, não gastando energia e entrando em campos de batalhas desnecessários. Ogum analisa e orienta todos os movimentos indispensáveis, sabendo o momento exato de agir, e outros momentos de aguardar. Quando falo de batalha, isso não quer dizer que seja uma "briga" efetivamente, pois muitas vezes os conflitos são gerados dentro de nós e por nós. E meu pai Oxóssi, na minha visão, é o grande Orixá do conhecimento e da fartura. Ele nos mostra que se nos aprofundarmos nessa energia, quanto mais conhecimento adquirimos, maior evolução e crescimento teremos. Oxóssi é o caçador de uma flecha só e mostra que devemos ir direto ao alvo – neste momento, a flecha certeira irá se direcionar para o despertar do conhecimento, assim, expandindo a nossa consciência. O alvo maior na Nova Era é o próprio conhecimento. Temos a oportunidade de fazer isso sem nos perder no caminho e gastar tempo à toa. Com isso, poderemos usufruir muito mais de toda a fartura que essa Nova Era pode nos trazer.

Com essa Nova Era, precisamos parar, pensar, ter a certeza do que queremos *plantar* para, assim, ter clareza do que iremos colher. Estando *afinados* com as vibrações desse momento, podemos expressar e juntos *cantar,* como os *ogãs/curimbeiros* fazem dentro do terreiro, sendo como eles, propagadores dessa grande mensagem. Assim, podemos expressar todas as qualidades que temos e entrar nesse novo ciclo, emanando o que de mais divino possuímos em nossos corações. Às vezes são necessárias algumas pausas para pensar e perceber o que se passa em nossas vidas. Podemos parar para enxergar o que está sendo trazido para nós e, dessa forma, seguir adiante.

Percebendo todos esses sinais, e como um bom filho de Oxum, analisando algumas "coincidências", notei que quando recebi a música de Iansã, em 2012, era um ano de energia universal do número 5. E em 2021, quando está sendo lançado este livro, também estamos em um ano de energia universal 5. Esse número na Umbanda, e para o que eu acredito, traz exatamente a energia de Oxum. Muitas vezes associamos nossa mãe Oxum à imagem do ouro e riquezas. Na minha visão, a maior dádiva que ela vem nos trazer é a energia do Amor, puro e incondicional. A maior representação que podemos ter dela é o Amor em nossos corações e em nossas ações. O brilho que ela possui também pode representar a luz do conhecimento e da sabedoria, é a expansão da consciência por meio da expressão do Amor. Também não podemos nos esquecer de que estamos na vida material e de que a expansão de tudo isso nos permite conquistar a prosperidade em todos os níveis das nossas vidas. É isso, para mim, que mamãe Oxum vem nos trazer. E para você, o que representa esse ouro?

Outra "coincidência" que percebi, e que sabemos que não se trata de "coincidência", mas do movimento da espiritualidade em nossas vidas, refere-se à energia do número 9. O que estamos fazendo agora ocorre após nove anos da mensagem da espiritualidade em forma de canção; o dia em que foi recebida, 27, também se transforma em 9, e a soma de 27/04/2012 (2+7+0+4+2+0+1+2=18) é 9. E essa energia para mim está associada à Iansã, que impulsiona a força em forma de poder e do movimento. Quando olho para esse sinal e todos os outros que foram ocorrendo em todo esse percurso, percebo que tudo isso nos prepara para a possibilidade de um crescimento e evolução dentro dessa Nova Era. E precisamos dessa transformação para que ela ocorra da forma mais consciente possível, assumindo nossas responsabilidades. Sabemos que dentro de uma visão da numerologia existem ainda pontos muitos mais amplos sobre a representatividade desse número, porém aqui só estou colocando uma percepção individual sobre como vejo e sinto a vibração do número 9 dentro da Umbanda.

Com toda essa inspiração vinda da espiritualidade, esta foi a minha escolha: adentrar com a Umbanda na Nova Era! Expandir a consciência! Sentir e viver essas novas energias! Espalhar essas bênçãos junto aos guias! Vamos juntos?

Sandro Luiz

"Olha que o Céu Clareou"... "Quando o Dia Raiou".... "Fez o Filho Pensar"

E foi assim, com a inspiração dos ventos de mãe Iansã, com essa mensagem em forma de canção ("Ela é Oyá"), que a espiritualidade nos impulsionou a essa iniciativa. Esse movimento surgiu dentro de nossas percepções conjuntas durante alguns anos. Nós sabíamos que existiria algo a ser feito e sentimos isso por muito tempo. Na verdade, não tínhamos consciência do que exatamente iria ser feito nem do que iria acontecer, mas havia um desejo e um impulso profundo de fazer algo que não sabíamos o que era. Em várias conversas e reflexões sempre nos surgia uma sensação de que faríamos algo, que tinha a ver com a parte de energia/espiritualidade. E mesmo por longo tempo sem um contato ou conversas presenciais, de alguma forma sabíamos que no momento certo, o que quer que devesse ser feito, iria se apresentar, e só precisaríamos estar atentos e receptivos para cumprir a tarefa.

E eis que depois de alguns anos, de ambos os lados, as mensagens e intuições foram ficando cada vez mais nítidas e os movimentos acabaram acontecendo de maneira perfeitamente sincronizada. E aí percebemos que o "momentum" que tanto sentimos estava acontecendo. Mesmo assim, ainda não percebendo o que deveria ser feito nem mesmo a direção a seguir, apenas começamos a refletir e conversar para identificar o que realmente deveria ser realizado e por onde começar.

Por um lado, dentro de um âmbito religioso nos terreiros de Umbanda, percebemos o quanto as pessoas buscam inúmeras respostas e direcionamentos para o dia a dia delas. Procuram nas palavras do Preto-Velho, do Exu e do Caboclo: conforto, direcionamento e abertura de caminho. E quando não encontram isso nas entidades, os conflitos e desequilíbrios continuam. Por outro lado, em um âmbito clínico, notamos que cada vez mais as questões emocionais surgem de forma muito mais intensa e uma confusão mental ocorre o tempo todo. Ou seja, em ambas as visões percebemos o quanto as pessoas estão perdidas e confusas. Olham sempre para o externo, na figura de uma entidade, de um líder religioso ou de uma visão científica, o que não conseguem enxergar dentro delas. Vemos que na realidade o que mais falta é assumir a responsabilidade por si mesmas e que tudo está dentro de cada uma delas. Todas as respostas, recursos, movimentos, direcionamentos, tudo afinal está em seu interior. Essa talvez tenha sido a maior dificuldade que encontramos: as pessoas perceberem que elas são seu maior guia.

Então, entendemos que poderíamos iniciar essa caminhada com o que muitos chamam de Nova Era. Começamos a elaborar rascunhos de quais eram as nossas percepções e orientações recebidas pela espiritualidade para que guiassem nossas palavras, sentidos e até mesmo nossas vidas em direção à expansão da consciência, tanto nossa quanto das pessoas que eventualmente estivessem dispostas a adentrar nessa jornada conosco.

Iniciamos alguns escritos e percebemos que poderia ser algo muito maior e mais estruturado que as ideias iniciais, e começamos a pensar e elaborar o que teríamos de fazer. Sabemos que somos somente quem irá dar um pontapé inicial a esse movimento, porém cada um tem e terá um papel mais do que importante nas suas vidas e para o despertar coletivo. Algo que é muito comum para nós é que todo e qualquer despertar, evolução e crescimento sempre virão de dentro para fora, e nada nem ninguém, carnal ou não, tem o poder de fazer isso por nós. Ainda é algo que não temos a proporção e, sinceramente, não nos preocupamos com isso. Apenas estamos adentrando nesse tempo e espaço internos para tentar acender algumas luzes, para que quem quiser possa também estar junto e criar um grande farol-guia para os seres que, se assim desejarem, entrarem nesse fluido de energia criadora.

É algo que está em construção e sabemos que muito trabalho e despertar virão daqui. Como falamos, é apenas um pontapé inicial. Nestes escritos, trazemos algumas observações que sentimos ser relevantes para a abertura de percepção das pessoas e uma provocação aos seus sentidos mais profundos, para o que está adormecido dentro de nosso ser. Esse movimento será construído a cada etapa e precisamos estar abertos para que a espiritualidade possa nos mostrar como seguir da melhor maneira possível, na ampliação e na conscientização de todos. Estar consciente de si, físico, mental, emocional e espiritualmente, é primordial para que possamos estabelecer as conexões necessárias para a evolução individual e coletiva.

Portanto, o movimento da Nova Era e da Umbanda na Nova Era é um impulso para despertar o que de mais elevado e profundo temos dentro de nossos corações. É uma forma de despertar e manifestar a consciência criadora de que todos somos UM só ser, de que todos somos Amor, e só sendo Amor podemos nos libertar das ilusões e das amarras da materialidade. Todas as esferas e planos são experiências e vivências únicas que o Criador nos proporcionou para ampliar a nós mesmos e, até mesmo, a própria criação.

Talvez a maior reflexão de todas, não somente para esse movimento mas também para a existência de uma forma mais ampla, seria entender que somos D EU S, assim como D EU S somos todos.

"D EU S" – se olharmos a própria grafia dessa palavra em nossa língua portuguesa, temos um presente maravilhoso para uma profunda reflexão de quem nós realmente somos. Se conseguirmos usar a própria palavra e olhar o que existe exatamente no centro dela, poderemos perceber onde todo movimento ocorre e por que concebemos não somente de forma simbólica que todos somos UM com o Criador, mas também de uma forma literal. Tudo que existe parte do centro, de uma fonte criadora, e se olharmos para nossa manifestação como filhas e filhos de D EU S, poderemos enxergar essa verdade de sentir quem somos e ressoar no impulso do que significa ao Todo. Basta olhar e adentrar mais fundo em nosso interior.

A partir disso, o que você vê?

D EU S

E agora... Depois de ver, o que você sente?

Como dissemos, usaremos, em todas as nossas expressões, "D EU S", com essa grafia, para aumentar a nossa percepção e sempre nos lembrar de que estamos intimamente conectados à essência divina do Criador. E ao nos ligarmos mais a nós mesmos, tudo passa a ocorrer de dentro para fora, e assim nos conectamos mais com D EU S.

"A Mãe do Tempo Mandou"... "A Nova Era Chegou!"

Faz alguns anos que muito se fala sobre a Nova Era. Mas o que afinal de contas significa isso e o que cada ser (individualmente) está realmente fazendo para se adaptar às novas frequências em que o planeta está entrando?

A Nova Era não se trata simplesmente de uma teoria ou de uma filosofia, ou até um folclore regionalista ou neste caso planetário. Trata-se de uma verdadeira e profunda mudança nos padrões da humanidade. Esses novos padrões interagem profundamente com todos os tipos de relações e interações que possuímos, interna e externamente. Quando falamos de relações, muitas vezes esquecemos que a primeira e mais negligenciada relação é com nós mesmos. A forma com que nos relacionamos com os nossos pensamentos, emoções e sentimentos e até mesmo com nosso corpo físico é a base para que qualquer interação seja harmônica e equilibrada. E desse modo, ou nos esquecemos ou deixamos de lado; às vezes conscientemente, porém muitas vezes sem nos darmos conta desse movimento, ou da falta dele nesse caso. A Nova Era se apresenta com uma imensa oportunidade de aprofundar nossa interação com nosso interior e, consequentemente, aumentar a profundidade de relação com o universo, com D EU S e tudo que existe. É uma oportunidade que nos foi apresentada para um novo começo, e todos que estão aqui neste momento são extremamente importantes e essenciais para os planos existenciais da criação. Não há nada no universo que ocorra ao acaso, sem algum motivo maior do que na maioria das vezes podemos ver a princípio.

Se observarmos ao redor, poderemos ver grandes sinais dessa mudança que se iniciou. Nada mais será igual de agora em diante. A questão é: o que vamos fazer com todas essas mudanças, como indivíduos e como coletivo?

A cada dia, percebemos a alteração na própria percepção do tempo e como ele parece passar cada vez mais rápido. Já pararam para pensar que talvez não seja somente uma alteração no mundo externo, mas também como o seu interior está se movendo em frequências e vibrações totalmente diferentes e, com isso, se altere o que chamamos de "tempo"? Esse é um novo tempo, não somente de reflexões, mas também de ações mais profundas e mais diretas, em que teremos de assumir a responsabilidade por cada ato, pensamento e palavra dita e feita, ou não. Tudo se move de acordo com nossos desejos reais, e a grande questão é que não assumimos nem aceitamos muitos dos desejos que possuímos em nosso íntimo. Se encontramos algo de que não gostamos, temos a possibilidade de alterar isso, mas sem aceitar que talvez tenha conteúdos que não nos agradam será muito difícil transformar seja lá o que for que existir nesse nível.

Muito se fala também do termo "transmutação" nessa Nova Era. Mas quantas vezes paramos para sentir o que ela realmente significa e qual nosso papel nesse movimento?

O processo de transmutação, assim como utilizado talvez pelos alquimistas, se trata de transformar algo em outra coisa. O que as vezes nos esquecemos é de que precisa ter quase que materializado algo para que se transforme. No decorrer da história, pensava-se que isso seria transformar aço ou ferro em ouro, mas o que realmente significa isso ficou guardado apenas para poucos que se arriscaram ao movimento de descortinar seu próprio ser para verdadeiramente se transformar. Essa analogia do ouro se trata do nosso próprio valor interno, de nossa luz interna, o divino que habita em nós só esperando a permissão para ser liberado. Na Umbanda, por exemplo, temos mãe Nanã Buruquê – a avó dos Orixás – que está presente na purificação e na transmutação de nossos sentimentos e energias. Eis a grande transformação, do ser opaco e muitas vezes sem brilho, para a pura luz, para o puro Amor. Estamos com essa oportunidade de nos transformar no que já somos e que nos esquecemos através dos tempos.

Quem somos nós afinal?

Podemos ser o que quisermos ser, porém com consciência plena. Esse é o grande propósito do que está sendo iniciado; muito mais do que um novo mundo, isso se trata de um novo universo, de uma grandeza sem limites, e estamos tendo a honra de ser precursores desse grande movimento. Somos seres completos e cheios do amor do Criador, afinal, somos o próprio D EU S em ação. E para poder sentir isso em essência verdadeira, temos a possibilidade de transmutar nossa negatividade em positividade, trevas em luz, dores em alegrias, e por aí vai. Porém, a grande reflexão é... você está disposto a, de fato, se despir de toda essa carcaça que já não cabe mais nesse novo mundo para que possa se adaptar e florescer cada vez mais?

São muitos os caminhos, afinal, "na casa do Pai existem várias moradas" *(João 14:1-23).* Só precisamos escolher uma morada, nos dedicar a ela, nos integrar a ela para vivenciar o máximo da plenitude de nosso ser. Qual é a sua escolha? Para onde seu coração o leva? O que sente no que se refere a onde e com quem deve estar? Para qual direção sua essência o leva?

As perguntas e reflexões são muitas, mas as respostas podem ser absolutamente simples, se você se permitir a isso. Às vezes pensamos demais e nos perdemos em nossos pensamentos, são muitas informações e somos bombardeados continuamente de mais e mais dados que não são processados em nosso ser de forma equilibrada. Muitas vezes tentamos fazer isso de uma vez, e de tanto que tentamos equilibrar muita coisa ao mesmo tempo, nada fazemos e para lugar nenhum vamos. Dê um passo de cada vez, de coração pleno e verdadeiro com seu propósito. Estamos entrando em uma era na qual a luz e o amor serão as bases de todo nosso movimento e conhecimento e, para isso, precisamos sentir o que de fato temos em nosso ser. Sem julgamentos, apenas sentir e aceitar o que existe dentro de nós. Abençoar, agradecer o que aprendemos com tudo isso, e deixar ir se não for mais necessário para essa nova etapa do nosso caminhar.

Há quanto tempo se escuta dos guias de luz, entidades, mestres e mentores espirituais que todos somos UM? Na maioria das vezes, sequer sentimos ou paramos para permitir não pensar, mas verdadeiramente sentir o que isso tudo significa. Achamos lindo, maravilhoso, ouvir que somos todos UM, mas o quanto de fato permitimos que essa verdade ressoe em nossos corpos e vibre em nosso coração? É uma verdade universal que, até o momento, achamos somente na literatura, mas agora se apresenta de uma forma mais acelerada em cada uma de nossas vidas, nossas casas, nossas famílias e comunidades religiosas... Estamos com a oportunidade de sentir e vivenciar essa completude em cada partícula de nossa existência, fomos agraciados a passar pelos portais da ilusão e entrar no plano da verdade universal. E isso não é apenas promessa ou premonição racionalizada ou devaneio... É uma verdade. A verdade que está diante de nossos olhos, e muitos ainda resistem ao movimento que seu EU interior há tanto tempo esperou. Escute as batidas do seu coração e permita que elas o levem para níveis que nunca imaginou. Sinta o movimento do seu corpo e permita que as emoções sejam conduzidas por cada célula, e se permita ser o que é. Eis o que apresentamos a vocês, uma Nova Era de infinitas possibilidades, não só para ver, mas também para sentir a grandiosidade do universo, na pequenez de estarmos humanos. Somos seres completos e repletos da centelha divina de D EU S, e temos esse presente de vivenciar isso neste momento. Ganhamos o presente de transformar toda nossa vida, de dentro para fora. Temos o maior presente de todos, a oportunidade de um novo começo...

Como disse Chico Xavier em algum momento de sua passagem por este plano: "Não podemos voltar no tempo e escrever um novo começo, mas podemos começar agora e escrever um novo fim".

Pedindo a própria permissão dele e de todo seu campo de energia, nós apenas complementamos dizendo que este momento não é um fim, mas uma grande oportunidade de escrever um novo caminho, de acordo com nossa própria identidade divina. Escrever a cada passo um novo começo, para uma era nova da criação, em seu próprio ser.

Estamos aqui apenas para oferecer uma oportunidade para que possamos crescer e evoluir juntos. Cada um tem sua jornada interna e estamos aqui iniciando uma proposta para que, os que sentirem essa ressonância em seu interior, nos acompanhem nessa empreitada. Como todo começo, vamos partir exatamente do ponto zero, para que cada passo seja vivenciado por cada um, de acordo com sua permissão e desejo, seguindo o que sua espiritualidade mais profunda designa para o caminhar nesse novo tempo.

São muitas as formas, as direções e os caminhos, porém neste momento vamos começar exatamente pelas estruturas, pelos alicerces para uma construção sólida e segura. Vamos iniciar este movimento com conceitos do que realmente significa essa Nova Era, o que ela representa individual e coletivamente, quais os campos de atuação que podemos ter e como se posicionar nesse novo tempo. Vamos começar com a percepção do seu próprio sentir, as energias internas e do entorno. Para isso precisamos entender em qual fase do desenvolvimento humano nos encontramos. Sem esse princípio, lacunas irão existir em nosso caminhar, e não desejamos que ninguém fique para trás. Devemos observar onde nos encaixamos na esfera das necessidades, e aí sim desenvolver esses princípios para que de uma certa forma possamos adentrar cada vez mais em nosso ser e, aos poucos, transmutando o que for preciso, conectando-se e adquirindo o que for necessário.

Essa é a grande jornada da Nova Era, que se apresenta para todos que estiverem dispostos a se reinventar, desconstruir o velho mundo para que o novo se apresente, dentro e fora de cada um. Essa Era se apresenta com infinitas possibilidades de crescimento e despertar, mas para isso será necessário muito empenho e disciplina. Não dizemos que o novo não será recheado com desafios e obstáculos, porém com a consciência mais desperta, poderemos utilizar cada um deles como mais um degrau na escala evolutiva em direção à liberdade. Esse ser livre se apresenta em todas as direções de seu existir neste instante, basta o desejo real e a permissão do EU mais profundo de cada um para que os movimentos certos aconteçam, no momento certo, da melhor maneira possível.

Nesse processo poderá existir muita resistência, dentro e fora de nós. A questão é fazer com que a vontade divina e criadora prevaleça a qualquer medo, resistência, desequilíbrio e tudo mais dentro da zona de conforto que criamos. Às vezes sair de padrões antigos e preestabelecidos rompe com barreiras que sequer sabíamos ou lembrávamos que existiam. A reflexão é: para trazer e manifestar o novo, é necessário largar uma bagagem antiga, que talvez só esteja dificultando e pesando no seu caminhar. Tudo se apresenta dentro de nós e em nosso entorno. Qual é a sua escolha? Qual direção deseja seguir? Que possamos sentir em nosso coração isso se tornar tão claro e manifesto quanto o dia e a noite que se apresentam em cada um de seus dias neste plano.

Assim como mãe Iansã diz em um trecho da mensagem em forma de canção:

"Olha que o céu clareou
Quando o dia raiou
Fez o filho pensar"

A Nova Era pode ser um novo tempo de liberdade e ascensão. Cada criatura tem isso dentro de cada célula que a compõe, mas que foi esquecido no decorrer das eras. Ser livre é o destino, missão e permissão de toda a criatura do universo. Esse é o convite para essa nova era dourada, de um advento único em toda história da humanidade. O convite está sendo feito continuamente em nossos corações, basta silenciar a mente para ouvir e sentir o chamado.

A Umbanda

Ao se falar ou ouvir o termo Umbanda, o que vem em sua mente? Quais os sentimentos que o remetem a essa palavra? De quais conceitos se lembra? O que de fato significa essa palavra para você? Quais os sentidos que o aguçam?

Estamos em uma sociedade na qual existe uma tendência separatista em muitas relações e conhecimentos. Em algumas situações se rompe com uma ancestralidade ou, até mesmo, movimentos mais atuais são trazidos de uma forma que parece que todo aprendizado já adquirido se perdeu ou não tem mais importância. Talvez exista uma reflexão sem levar em conta muitos elementos que compõem nossas vidas, o que eventualmente podem ser apenas ângulos diferentes de uma mesma vertente. Então, será que não estaríamos em um contínuo processo de evolução, em que podemos nos aprofundar mais em percepções que até o momento não tínhamos consciência? E se tratando da Umbanda, será que temos várias Umbandas? Será que existem separações ou apenas denominações diferentes para se perceber a mesma realidade e experiências?

Usando como se fosse uma linha do tempo, podemos trazer algumas referências da Umbanda, como "raiz", "branca" ou "tradicional", por ter sido passadas de geração para geração. Algumas dessas nomenclaturas podem ter surgido em momentos remotos em que ainda nem eram conhecidas com esses nomes, mas que eventualmente incitavam as mesmas práticas. As denominações mencionadas podem nos trazer à memória a Umbanda dos Pretos-Velhos, dos Caboclos e dos Exus, do alecrim, da arruda e da guiné; a prática da simplicidade, da humildade e do amor; o canal de luz e da verdadeira caridade, a qual foi trazida pela Espiritualidade por meio das palavras dos Ancestrais e não da boca e da justificativa do ser humano que, para validar seus atos pensados e articulados, se utiliza dos atos caridosos para aliviar as próprias cargas diárias desta vida terrena.

A Umbanda que praticamos em nossa casa, Tupinambá e Sultão das Matas, por exemplo, é a das Sete Linhas, é a Umbanda do SENTIR. Sentir a força do terreiro a partir do momento em que se pisa no Solo Sagrado. Sentir a energia do Congá ao bater a cabeça e ser invadido por bons pensamentos, sentimentos e vibrações tão significativas que o coração acelera de tanta emoção e gratidão. Sentir a paz dentro de si e esquecer momentaneamente o que o levou a essa Casa Sagrada, a esse Terreiro de Luz. Essa é a Umbanda de que falamos, a religião do sentimento, da paz e do amor. Amor-próprio. Amor pelas pessoas. Amor pelos Guias. Amor pelos Orixás e por todo seu significado. Amor pela Espiritualidade. É aquela que respeita, pede a bênção dos Velhos, acessa a sabedoria dos Caboclos, estremece com a voz grave do Exu, se arrepia com a gargalhada da Pombagira, mas que em um simples abraço transborda energia, faz pulsar sangue nas veias, regenera e salva todo e qualquer sentimento de negatividade ou desânimo.

Sentir! Sentir! Sentir!
Amar! Amar! Amar!

A prática da Umbanda é sentir felicidade ao fazer as sacolinhas de doces para a festa de Cosme e Damião; de se sentir criança novamente, morrendo de vontade de passar bolo no rosto das pessoas. Essa é a Umbanda que se conhece, pratica e a qual nós saudamos e respeitamos. Poderíamos infinitamente ficar falando sobre os sentimentos que a Umbanda representa, mas aqui vale uma pausa: independente e indiferentemente de como denominam o nome da Umbanda, se é Umbanda Tradicional, Umbanda Branca, Umbanda Mista, Umbanda Esotérica, Umbanda de Nação, Umbanda Sagrada, Umbandomblé e tantos outros nomes que possam dar ou surgir com o passar do tempo, qual é a sua Umbanda?

Será que uma Entidade de luz, um Preto-Velho ou um Caboclo, qualquer que seja o guia de luz, iria escolher em qual tipo de Umbanda iria entrar para trabalhar? Essa é a missão desse guia de luz, dividir as "umbandas" e não unir? Pois bem! Limpe a sua mente e não a deixe mentir para você. Não pense, somente sinta e perceba o que você sente quando se fala a palavra Umbanda.

Precisamos, antes de seguir adiante, sentir com a alma, com nosso espírito e com o coração o que é Umbanda. Sem preconceitos, paradigmas e sem "achismos", somente SENTIR.

Antes de adentrar nesse mundo de paz, amor, luz, espiritualidade e trabalho, faça uma introspecção sobre você e a Umbanda, sinta e reflita com sua experiência, por mínima que seja, o que a Umbanda representa ou pode representar para você, em sua vida e para sua vida, em todo seu processo evolutivo.

Sinta a Umbanda e transmita essa mensagem para você, seu universo de luz e para a expansão da sua consciência espiritual, pois a Umbanda de ontem é a mesma de hoje, somente com uma percepção de consciência expandida.

Antes de Tudo, Uma Escolha!

Antes de mais nada, eu, Sandro Luiz, gosto sempre de relatar algo de que sinto muito orgulho em minha vida. Nesta encarnação, tive o privilégio de meu pai carnal também ser meu pai de santo. Tive a oportunidade de vivenciar duas mestrias em uma só pessoa, tanto como pai quanto como um líder religioso, me educando e ensinando como poderia ser um humano melhor dentro e fora do terreiro. Ainda hoje carrego esses ensinamentos, continuo aprendendo e tentando evoluir em todas as áreas da minha vida. Acredito que estamos em contínua evolução dentro do tempo, de propósito, necessidade e escolhas em cada situação de nossas vidas.

Meu pai nunca quis que eu entrasse para a Umbanda. Ele sempre dizia que não queria isso para minha vida, pois era muito trabalhoso manter um terreiro aberto. Como um bom pai que ele era, acredito que não desejava que eu passasse pelas mesmas dificuldades que ele passou. Eu acompanhava o quanto era difícil na maioria das vezes pagar o aluguel, manter as estruturas básicas do terreiro, quantas vezes faltavam empenho e dedicação nesse auxílio por parte dos filhos da casa, até mesmo nas dificuldades rotineiras que apareciam. Isso ocorria antes e aconteceu até depois que iniciamos com a nossa sede própria. E por escolha, vinda por uma necessidade minha, optei por entrar nesse mundo maravilhoso que é a espiritualidade na Umbanda.

Senti vontade de compartilhar esse breve relato do meu início na Umbanda, pois acredito que tudo em nossas vidas está baseado em escolhas. E, também, para que possamos entender ou começar a pensar que essas decisões foram tomadas ou impulsionadas por alguma necessidade ou até mesmo por um desejo, mesmo não tendo clareza dos reais motivos.

Falando de Umbanda e espiritualidade, gostaríamos de propor algumas reflexões referentes a expressões que possivelmente já falamos ou ouvimos de alguém:

"Na Umbanda se entra pelo amor ou pela dor!"

"Fui até um terreiro de Umbanda e a entidade disse que preciso trabalhar!"

"O pai/mãe de santo disse que minha vida não anda porque meus guias estão me cobrando para trabalhar!"

Quem estiver lendo este livro agora, e já está vivenciando a Umbanda, com certeza irá se identificar com as frases anteriores ou algo semelhante. Quem ainda não fez esse movimento e tem um olhar carinhoso ou curioso referente à Umbanda, poderá fazer a escolha de adentrar nesse mundo, em algum momento de sua caminhada, de uma forma consciente pelo amor, não mais pela dor.

Depois dessa escolha feita, ouvimos muito que precisamos "trabalhar" para nossa vida andar. Esse trabalho está atrelado ao desenvolvimento da mediunidade de incorporação, para atuar junto às entidades no atendimento à assistência. E a partir desse momento, começamos a incorporar para auxiliar as pessoas que buscam ajuda para lidar com suas aflições, doenças, quando se sentem perdidas, assim como nós um dia também tivemos esse amparo da espiritualidade dentro do terreiro de Umbanda.

Hoje, com mais de 100 anos após a data de nascimento da Umbanda, ainda estamos trabalhando na missão de incorporar e atender as pessoas dentro das giras no terreiro, com o intuito de *"praticar o bem e a caridade para todos aqueles que vêm em busca dela."* Ao olhar para essa linha do tempo, os terreiros começaram a perceber que poderiam ir além dessa missão somente no momento das giras. Os terreiros iniciaram um trabalho de auxílio às comunidades a que pertenciam, por exemplo, entregando marmitas, em campanhas de agasalho, com distribuição de cestas básicas, ministrando alguns cursos e palestras, entre outros tipos de assistências sociais. Com o passar dos anos, os sacerdotes/sacerdotisas entenderam que com a estrutura do terreiro e toda organização que tinham, poderiam fazer muito mais do que já faziam. Além das entidades atendendo durante as giras, esse também seria um trabalho a ser feito. Muitas casas escolheram desenvolver ou agregar mais essas tarefas dentro dessa grande missão que a Umbanda nos trouxe.

Analisando os pontos anteriores, chegamos às seguintes reflexões:

- Será que neste advento da Nova Era, nós não precisaremos ser os "assistidos"? Precisaremos ser os "atendidos" para nossa própria evolução e despertar? Neste momento, precisamos olhar mais para nós e nossas necessidades?
- Será que este não é o instante para despertar ou até ampliar nossa sensibilidade e reativar nossa conexão com o princípio divino de D EU S, pois somos células do Criador, e voltar a sentir a real essência das entidades antes do momento de uma incorporação?
- Será que não estamos no momento de expandir para as nossas vidas cotidianas os aprendizados que a espiritualidade nos proporciona dentro do terreiro? E ativar a autorresponsabilidade sobre as nossas ações dentro e fora desse ambiente, não deixando somente nas mãos ou nas palavras das entidades as consequências dos nossos atos?
- Entendemos que temos a oportunidade de fazer neste momento uma grande escolha, se queremos ou não evoluir com os ensinamentos que as entidades vêm nos passando há tanto tempo. Realizar essa escolha, de trazer para a nossa vida todo aprendizado desses mestres de luz e usá-lo de forma consciente e com responsabilidade para a realização de todas as necessidades de nossas vidas, de acordo com cada situação pela qual estivermos passando;
- Não iremos deixar de precisar ou pedir auxílio das entidades. Não vamos deixar de aprender de forma alguma,

pelo contrário. Entendemos que na Nova Era podemos ser aptos e capazes de aprender muito mais. Em nenhum instante iremos deixar de incorporar para atender a assistência. Porém, a partir do momento que fizermos essa escolha, teremos a percepção de que seremos os primeiros assistidos, os primeiros a ser trabalhados. Afinal, para adentrar nessa Nova Era perceberemos que a lição de assumir nossa responsabilidade em tudo que ocorre em nossa vida será maior. Com isso, haverá uma aproximação maior com o plano espiritual, e o resultado será uma mudança em nossa linguagem e, também, das entidades conosco.

Com todo esse movimento, poderemos ainda ouvir das entidades ou até mesmo dos dirigentes espirituais dos terreiros: *"você precisa trabalhar", "você precisa participar da gira de desenvolvimento para a sua vida andar"*. Porém, depois de tantos anos de trabalho, ou até mesmo para quem for iniciar agora no mundo da Umbanda, devemos compreender que atualmente a última etapa em um desenvolvimento espiritual será a incorporação. Ressaltamos que isso se refere ao nosso ponto de vista.

Eu escolhi adentrar nos caminhos dessa Nova Era, pois essa é a minha necessidade neste momento. Qual é a sua escolha?

A Umbanda na Nova Era

Dentro de inúmeras perspectivas que se apresentam do que se chama de Nova Era, pensamos em refletir sobre qual o papel das religiões nesse contexto e como elas podem se adaptar, ou não, nesse novo ritmo planetário. Entendemos, quando falamos da espiritualidade, que existem muitas formas de se expressar o Criador, além de inúmeras percepções diferentes do que verdadeiramente significam esses movimentos de grande despertar em que estamos entrando.

Falamos entrando, porque o grande salto para o despertar irá depender de cada ser encarnado neste momento. Cada um de nós, que se encontra neste instante no que podemos chamar de "encarnados", tem uma função no plano criador para se adaptar e ajustar às novas frequências que estão para ser ativadas. Muitas dessas novas vibrações já estão sendo percebidas e sentidas por aqueles que estão em uma conexão mais profunda consigo mesmos. Para que essas novas frequências se sintonizem com o movimento planetário, é necessário expelir muitos conteúdos do passado, como culpas por exemplo. Mesmo que no momento não tenhamos consciência, culpas e medos irrigam os corpos de forma que memórias celulares de outras eras possam ser reativadas e revividas. Nesse ponto, existe uma oportunidade única de ressignificar todo esse conteúdo e não mais se ligar ao passado. Esse tipo de atitude pode criar um certo aprisionamento em determinado tempo e espaço interno, e que muitos podem reviver dores e sofrimentos, sem nem mesmo ter um motivo aparente para isso. Essas conexões fazem uma ponte com um possível passado longínquo, que neste momento pode se apresentar.

Se não estivermos perceptivos e atentos, será uma forma de desequilíbrio muito grande. Porém, neste momento existe uma possibilidade enorme de observar por meio dos sentimentos o que ocorre em nosso interior. Essa é uma chave bem importante para analisar o que está acontecendo em nossos corpos e assim resolver conosco, com os próprios EU's, toda e qualquer confusão, desavença, dentre outros desequilíbrios que possam existir.

Durante décadas, ou por que não até mesmo dizer que há séculos e milênios, muita informação, conhecimento e inúmeras formas de se autoconhecer e conhecer o externo vêm sendo semeados na humanidade. Todo esse tempo, esses mecanismos vêm sendo doados generosamente ao plano material, com a intenção de que se possa melhorar e novamente criar um contato mais direto com as esferas superiores. Isso é o que podemos chamar de evolução. Tudo de que se precisa para evoluir é olhar para si e despertar os potenciais intrínsecos que há em cada pessoa. Por causa de questões como o véu do esquecimento, por exemplo, que é ativado de encarnação a encarnação, podem existir várias ilusões e devaneios sobre a verdade universal. E a maior verdade de todas pode ser esquecida, de que TODOS SOMOS UM SÓ SER, tudo e todos conectados.

Falando diretamente da espiritualidade, possuímos inúmeras ferramentas para a manifestação do Criador nos diferentes planos existenciais. Isso ainda ocorre porque, nesse ponto de nossa evolução e consciência, ainda não conseguimos perceber que cada ser vivente no universo já é a sua própria ferramenta de evolução e crescimento. Porém, até esse despertar mais profundo, temos recebido muitos presentes no decorrer da história da humanidade. Bom, podemos chamar essas dádivas de diversos nomes, mas neste instante serão chamadas de ferramentas. E falamos aqui da Umbanda como uma ferramenta que a espiritualidade enviou para que pudesse ser utilizada para ir além de conceitos e preconceitos estabelecidos em cenários sociais e culturais. Nesse sentido, a Umbanda como uma ferramenta do Criador se transformou em uma religião por enquanto, para expressar algumas faces do Todo, assim, como todas as outras religiões também o são. Mas isso é outro assunto, que não cabe neste cenário.

O que desejamos explicitar neste momento é que a Umbanda na Nova Era é, afinal de contas, a mesma Umbanda antiga, porém com algumas visões diferentes. Na origem da Umbanda, os guias usavam os recursos que existiam no momento para realizar os atendimentos, como as ervas, por exemplo. Eles utilizavam os elementos da natureza conhecidos pelas pessoas, para que isso não se tornasse algo muito fora da realidade e, assim, sem efeitos práticos e conduções para as orientações. As entidades não conseguiam usar nada sem o repertório que existia. A interação com os elementos naturais era muito mais comum e direta, e não havia uma base de conhecimento nem estudos de outras formas que poderiam ser utilizados como ferramentas. A força da Umbanda antiga é a mesma da Umbanda na Nova Era, a essência não se alterou. Seu poder e força permanece sendo das entranhas da mãe natureza, e todos os recursos continuam sendo provenientes da mesma fonte. Na atualidade, essas práticas se expandiram porque o conhecimento dos elementos e de novas formas de extração e utilização deles está em constante crescimento.

Temos de ressaltar a importância da universalidade da Umbanda nos contextos atuais, e o quanto ela vem incorporando inúmeras ferramentas de outras vertentes para ampliar e aprofundar os trabalhos desenvolvidos. Pode-se ver o quanto nos últimos anos técnicas como meditações, atendimentos com cristais, incensos, utilização de óleos essenciais, tratamento com as cores (por meio de velas e cristais), aprendizado pelos números, etc., vêm sendo muito utilizadas no aprofundamento dos atendimentos e orientações dos guias espirituais. Os guias vêm mostrando continuamente a importância desses elementos, e como cada ser que precisa de auxílio pode se adaptar melhor com uma ou outra ferramenta, de acordo com seu organismo, até por que não dizer pelas crenças que estão embutidas em sua mente. Cada um pode reagir melhor com determinada técnica ou ferramenta, e se cada membro das correntes mediúnicas tiver consciência disso, poderá utilizar a melhor estratégia para o equilíbrio da pessoa que estiver à sua frente. Isso pode se atingir com uma harmonização completa, por exemplo, seja ela física, mental, emocional e espiritual. Todo esse movimento precisa ser sentido, e quanto mais consciência se tiver dos processos e do que está sendo utilizado, maior será o ancoramento no planeta Terra. Isso se chama expansão.

Se começamos uma Nova Era de oportunidades e desafios, as nossas ferramentas precisam se adequar e se lapidar para que funcionem de uma forma mais assertiva para auxiliar nas realizações que estão por vir. Ampliar e adaptar o que for necessário, sem perder a essência criativa e verdadeira que essas raízes proporcionam. Esse novo que se apresenta tem uma responsabilidade muito grande de todos os pensamentos, vontades e desejos. Repetimos isso, pois se trata da parcela mais importante deste momento... Aprender a ter responsabilidades e assumi-las pelo que manifestamos, de forma consciente ou não. Cada um de nós precisa absorver esse conceito e refletir intimamente a ressonância que isso traz. A Umbanda na Nova Era é a mesma Umbanda de antigamente, porém com princípios e valores mais profundos de autonomia e autodisciplina. Não poderemos mais deixar nas mãos dos outros a nossa força, nem a nossa espiritualidade, nem nossas emoções. Não podemos esperar que as entidades façam por nós o que é de nossa responsabilidade, nem mesmo se abster de toda e qualquer palavra proferida. Todos somos responsáveis pelo que criamos, e de agora em diante, tudo isso será muito mais consciente e perceptivo. As entidades já vêm nos preparando e nos falando isso faz muito tempo, mas será que entendemos o recado?

Elas falam continuamente da necessidade de estudar, de se melhorar em qualidade de pensamentos e sentimentos. Dizem repetidamente para dependermos não de movimentos externos e nos ligarmos cada vez mais a essa luz que todos possuímos. E agora é o momento para isso. É uma oportunidade de zerar o contador e entrar em um novo mundo, em um novo universo de magníficas realizações, mas com toda certeza de muita ética, disciplina, trabalho, desafios, amor, respeito e de muito mais despertar. A escolha é individual! E a Umbanda estará disponível para aqueles que sentirem o chamado verdadeiro e estiverem dispostos a abrirem seu coração para o novo que se apresenta.

Espiritualidade

Talvez, pensar ou falar sobre espiritualidade nos remeta a alguns padrões que fazem parte da nossa jornada como sociedade e das inúmeras culturas existentes atualmente, bem como de outras que existiram no decorrer da história da humanidade. Mas ao levar em consideração esse conceito, o que gostaríamos de mencionar é a forma como enxergamos esse movimento em nossas vidas e com tudo que nos relacionamos. Se pudéssemos criar uma imagem para exemplificar a nossa perspectiva, seria como se fosse um cordão saindo do coração de D EU S, e chegando até o nosso amado planeta. Esse cordão seria uma ramificação do Criador agindo de acordo como cada um interpreta essa emanação. Como sentimos que nada está fora do Todo, para nós, esse cordão é experienciado dentro das filosofias de cada religião. Assim como a Umbanda vivencia isso com a conexão com os guias e os Orixás, a Igreja Católica enxerga com seus dogmas e regras, bem como o Protestantismo explica e segue os movimentos do Evangelho Cristão, até mesmo como o Budismo ou o Islamismo têm suas próprias interpretações e caminham com suas visões de mundo e criação. Agora, como seria talvez imaginar que esse fio/cordão que mencionamos é a Espiritualidade representada como uma das manifestações de D EU S?

Quando falamos de manifestação, entendemos que os Orixás são manifestações de D EU S, com isso, cada um deles tem uma representatividade e simbologia específicas. Temos Oxalá com sua manifestação da fé, Oxum com uma manifestação do amor, Xangô como manifestação da justiça divina, Ogum que é a manifestação da lei, Iemanjá como manifestação da geração da vida. Aqui só trouxemos alguns exemplos dessas manifestações. Por não se tratar de uma explicação de doutrina, usamos essas exemplificações para trazer a analogia das representatividades dos Orixás. Dentro da Umbanda existem inúmeras explicações sobre cada um dos Orixás, já que cada terreiro pode ter uma visão e uma prática diferente, além das doutrinas de origem africanas que podem ter dezenas de outros Orixás e visões distintas de suas manifestações. Porém, nossa intenção não é fazer explanações sobre as doutrinas, mas dar uma visão ampla da espiritualidade em si.

Costumamos dizer que D EU S é AMOR, mas afinal o que de fato sabemos ou sentimos por essa palavra? Será que o AMOR é somente um sentimento ou uma expressão emocional? Como seria imaginar que o AMOR não seja só como o vemos em nossas relações cotidianas e humanas? Enxergamos que tudo é parte integrante da fonte criadora, e não há nada fora de D EU S. Com isso, se Ele é AMOR, para nós também não existe nada fora do AMOR. Repetimos muitas vezes essa palavra para que possa sentir e refletir o que ela gera em seu interior, em seus pensamentos, em sua imaginação...

Vemos o AMOR como o verdadeiro motor do universo, é o que impulsiona todas as nossas atitudes, vontades, desejos, construções e tudo que existe. Não conseguimos enxergar nada separado desse movimento primordial. Provavelmente quando estamos encarnados, ainda temos uma percepção muito reduzida sobre o que é "isso" que chamamos de sentimento. Mas podemos dizer que essa palavra é muito mais que uma reação bioquímica que gera reações físicas, mentais e emocionais. Podemos mencionar que é maior do que nossas relações de fraternidade e irmandade. Imagine se o que chamamos de emoções e sentimentos fossem apenas extensões do que chamamos de AMOR? Nesse caso, o que existiria seria um único "sentimento", o AMOR, todos os outros seriam só formas de experienciar e vivenciar esse "motor criador". Às vezes ouvimos muito falar sobre Amor Crístico, Amor Incondicional, etc. Essas são somente demonstrações do que verdadeiramente seria o AMOR de D EU S por tudo que existe. Algo mais próximo que temos em nossas vidas, que se assemelha ao que estamos falando, seria o AMOR de uma MÃE por seu/sua filho/filha. Ela gera, alimenta, cuida, respeita, não julga, ama de todas as formas que conhece e consegue aquele ser que é criado em seu interior e, depois, é levado à experiência no mundo. Quando estamos dentro do ventre materno, aquele é todo nosso universo, assim como quando estamos ainda conectados com D EU S. Quando nascemos, começamos e temos uma percepção de um outro universo e, nesse momento, ele se torna tudo o que temos. Porém, não deixamos de fazer parte de onde fomos gerados. É assim que associamos como vemos, sentimos e percebemos tudo que existe. Uma completa conexão e manifestação nas diversas faces do AMOR.

Dentro desse princípio, adentramos na espiritualidade como um mediador para essa experiência em outro nível de percepção de nossa essência. Por muitas vezes, essa espiritualidade foi colocada com traduções e interpretações das escrituras sagradas, mas de uma ou somente algumas perspectivas do que realmente existe. Por muito tempo, essa foi a ferramenta que a Fonte Criadora usou para conseguirmos perceber que fazíamos parte do Todo. Associando com a Umbanda, por um longo período a manifestação dela era de uma forma de representação em que os guias vinham para fazer o que era necessário e trazer um conhecimento, como se tudo isso estivesse fora de nós. Era algo que ainda não conseguíamos perceber, que éramos agentes ativos dentro desse processo. E todos esses movimentos foram o jeito que D EU S teve de demonstrar para nós que existia sempre algo maior do que nossa mente poderia entender durante esse período. Muito vem se construindo e se ressignificando desde então. Com isso surge a Nova Era, um momento de conseguir transcender o que sabemos e aprendemos até agora, para dar o próximo passo em nosso caminho de evolução.

Para entender o movimento da espiritualidade na Nova Era de uma forma mais profunda, temos de transcender os conceitos e teorias que até hoje nos foram ensinados ou nos quais fomos induzidos a acreditar. Talvez em nenhum momento de fato paramos para nos perguntar sobre a espiritualidade para nosso EU interior, dentro de nossa própria perspectiva. Muitas vezes, direcionamos ou colocamos essas respostas para o externo, para pessoas que julgamos detentoras desse conhecimento. Porém, se todos somos interligados, todos nós temos essa porta de acesso às respostas universais. O que talvez diferencie o acesso de alguns e outros pode estar relacionado a alguns padrões que desenvolvemos durante a nossa vida, apenas aceitando tudo que vem do externo. Precisamos criar questionamentos e não entrar em uma visão de verdades absolutas, como se alguns poucos fossem os portadores de tudo. Esse é o movimento que a espiritualidade tanto vem tentando despertar individualmente em cada pessoa neste momento presente no planeta, em que todos somos portadores das nossas verdades. São muitas formas de ver e entender o universo, a criação e a si mesmo, e não quer dizer que tenha uma certa ou errada, apenas são ângulos diferentes de se escalar a mesma montanha, mas todos eles levam ao topo. A espiritualidade não é algo para gerar atritos, brigas ou desavenças. Ao contrário, serve exatamente para que possamos nos conectar mais e mais com o Ser Criador e ser uno com sua própria essência. Se somos emanações do Criador Primordial, "Daquele Que Tudo É", somos cocriadores universais, herdeiros do cosmos e ramificações de sua mente e coração. Para sentir essa verdade, e não apenas aceitá-la como um discurso ou verdade absoluta de forma externa, paramos para trazer este tema em questão, não para satisfazer intelectualidades ou racionalidades humanas, mas para nos conectar a parcelas mais profundas do ser mais essencial de cada um. Trazemos essa reflexão para que todos os corpos que nos compõem neste momento possam vibrar e ressoar esses sentidos em todas as células que fazem parte de seus movimentos neste instante. Tudo está à disposição de todos, só necessitamos usar as chaves de conexão para ajustar as frequências do que precisamos ativar no momento que for necessário. E para que todas essas chaves sejam vistas, a espiritualidade é o caminho.

Ressaltamos aqui que a espiritualidade não deixa velados conhecimentos nem práticas, mas traz a consciência na medida do ritmo de compreensão de cada indivíduo. Não entendemos nenhuma religião como dona da verdade ou expressão do Todo, afinal, todas foram criadas e decodificadas pelos humanos. É preciso entender que mesmo com as emanações do cosmos e dos seres das esferas mais sutis, todos que estão no plano material precisam interpretar e decodificar as informações recebidas, e isso se conecta diretamente com os padrões mentais, emocionais, conceitos de sociedade e cultura em que se está inserido e, também, de acordo com a época que está sendo vivida. Por isso ressaltamos que, nesse âmbito, tudo o que se manifesta nessa qualidade humana são percepções do que de fato ocorre. Ainda não conseguimos trazer de uma forma mais direta e integrada o que as esferas superiores nos emanam. Isso é um processo, e ainda estamos iniciando neste momento uma caminhada mais consciente para conseguir fazer esse intercâmbio de maneira mais direta e com manifestações e materializações mais profundas. É necessário ir além dos conceitos e preconceitos que foram estabelecidos nas sociedades humanas até agora para, de fato, entrarmos nessa Nova Era da forma mais profunda possível. Nessa fase planetária, será necessário desenvolver uma disciplina e se assumir de um jeito muito mais dinâmico e ativo. Para viver a espiritualidade fluídica deste novo tempo, teremos de superar a própria forma de enxergar e se relacionar com o tempo e o espaço. Basta olhar o quanto as percepções de que os dias estão passando mais rápido está acontecendo, observar o quanto às vezes sua percepção de onde está e para onde foi também está diferente. São novos tempos, e isso todos estão sentindo de algum modo, talvez ainda não tenhamos parado para analisar e perceber o que verdadeiramente está acontecendo.

E para que as percepções dessa Nova Era sejam cada vez mais despertadas, a espiritualidade envia constantemente inúmeras ferramentas para que possamos utilizar enquanto ainda não estamos no fluxo do Criador. Ainda não conseguimos ser apenas tudo o que precisamos e podemos ser. Mas, lembrem-se de que tudo que está além do próprio Criador são apenas formas de se conectar a Ele, durante o período em que ficamos inconscientes da nossa conexão direta com o Todo. E colocamos aqui uma observação bem importante... As ferramentas só precisam ser utilizadas até o momento em que cada ser se tornar UM novamente com o próprio universo. Nesse instante, ele se torna a pura verdade existente em Tudo que se criou e, com isso, não necessitará mais de instrumentos, pois já chegou a uma esfera que se tornou a própria essência que foi desenvolvida. Mas, neste instante, isso é apenas um comentário para aguçar algo mais profundo dentro de todos. Falaremos disso em outro momento. Tudo precisa ser despertado no tempo de cada um.

Nesse caso, então o que de fato podemos dizer que é esse conceito de espiritualidade de que falamos?

Bom, podemos ter várias interpretações ou descrições para isso, porém acreditamos que a mais simples e mais direta delas é entender a espiritualidade como uma forma de se conectar novamente a D EU S. É pela espiritualidade que conseguimos ir além dos conceitos humanos e perceber que existe muito mais do que o plano material, mental e emocional que conhecemos a princípio. A espiritualidade pode se dizer que é a forma de se sentir mais o Criador e conseguir despertar mais e mais o senso de que somos filhos e herdeiros Dele. Trata-se de uma espécie de mecanismo para trazer, movimentar e despertar conhecimentos, verdades, modos de enxergar a si mesmo e ao redor de uma perspectiva diferente. É um intermediário das experiências entre o personagem e o ator da sua própria relação no palco da vida, e da vida além da vida. Espiritualidade é se reconhecer como além dos limites de conceitos e padrões, é ir muito acima do que imaginava poder, é ampliar mais e mais os limites que pensava existir. Compreender e despertar a espiritualidade é ter a certeza de que tudo é possível, e de que todos viemos e iremos voltar para a mesma fonte criadora, independentemente da porta que utilizarmos para essa jornada. Despertar e manifestar a espiritualidade é se tornar o AMOR criador. Para nós, o AMOR criador é o próprio AMOR de D EU S, de forma ativa e direta por tudo que existe. É ativar o AMOR incondicional. E para você, como se manifesta esse AMOR criador?

Neste momento, o que provavelmente seja o mais indicado para se abrir as portas para essa conexão mais profunda é fazer com que as energias estejam em uma frequência elevada, para que essa vibração amplie a capacidade individual de perceber além do material. Independentemente das técnicas ou ferramentas que se utilizar, o mais importante a destacar aqui é a leveza e pureza do coração. Será esse o elo primeiro para se expandir as energias? Com o coração repleto de amor, todos os movimentos adjacentes fundamentais irão ocorrer e cada um irá atrair a conexão necessária para a ampliação dessa energia. Tudo e todos foram criados e emanados da mesma frequência essencial, e esse é o caminho para se restabelecer o contato com o EU mais profundo e verdadeiro. Com isso nos reequilibramos em todos os sentidos e começamos novamente a vibrar com o universo. Esse movimento nos permitirá ter experiências mais claras e, em um outro passo, até mesmo não gerar dores e sofrimentos, que são a base das desconexões que temos quando encarnados. Vale lembrar que praticamente todos os sofrimentos que são gerados no plano material estão relacionados com as ilusões da separação que um dia foi gerada. Mas, o que queremos dizer com isso, afinal?

Quando falamos do conceito de espiritualidade, podemos utilizar a referência também de "plano espiritual". Para ficar de uma forma mais simples e direta a compreensão, quando mencionarmos espiritualidade ou plano espiritual, estaremos nos referindo de onde vem a informação com que iremos trabalhar. É uma forma de referenciar de onde surge o impulso inicial para os movimentos que faremos no plano material. São as esferas mais sutis, das quais teremos orientações, conhecimentos, mensagens, ensinamentos teóricos e práticos. Podemos dizer que é o local de onde vamos nos conectar para compreender melhor a nós e tudo ao redor. Quando a "espiritualidade" nos orienta, nos pede e direciona, são as nossas conexões com os planos mais elevados de consciência que estão emanando amor, em uma frequência que conseguimos captar e ter alguma ação com o que estiver sendo enviado.

Nesse sentido, esse contato com a espiritualidade será uma forma de nos conectar com nosso propósito, nossa função nesta vida. Esse propósito só conseguirá aparecer quando conseguirmos silenciar a mente, que nos liga e nos prende muito a questões cotidianas e rotineiras. Precisamos entrar em um silêncio externo e interno, ajustando as nossas frequências para que essas verdades possam ser reveladas de modo mais consciente. Tudo no universo possui uma função, e isso pode mudar de acordo com o contexto em que estamos inseridos, mas cada um de nós tem uma função primordial no cosmos. Qual é a sua? Consegue perceber e sentir se está dentro da sua função neste momento? Se não consegue ter essa resposta, já desejou saber? O que fazer para saber sua função? O que sua espiritualidade lhe diz?

Essas são reflexões que talvez não tenhamos o costume de fazer, mas que podemos acessar e compreender de uma forma mais ampla. Porém, para isso precisamos desconectar e desapegar de muitos conceitos que foram sendo adquiridos no decorrer dos anos e das eras da humanidade. É necessário silenciar para ouvir; fechar os olhos para ver; calar-se para poder transmitir o que se deseja; ir para dentro para se expandir; desconstruir-se para se reconstruir.

E afinal, o que você quer construir?

Como quer estar nesta Nova Era?

O que espera em relação a suas vontades e desejos?

Como quer se relacionar com a espiritualidade?

Já pensou em ser UM com o Todo?

Apenas sinta, pois talvez só precise se permitir e aceitar o convite da espiritualidade. Talvez não se possa mudar o mundo, mas quem sabe mudar seu próprio mundo interior. Então, qual é a sua escolha?

As Necessidades Humanas e Sua Importância no Processo Evolutivo

Quando pensamos no que pode impulsionar alguém a buscar o despertar da espiritualidade, independentemente da vertente que seja, para nós não há como dissociar do que está atrelado a esse desejo. Para isso, sentimos que existem vários tipos de necessidades que podem nos trazer esse movimento. Em nosso dia a dia, passamos por inúmeras buscas internas e de realizações externas (sejam familiares, sociais ou culturais). Muitas vezes nos direcionamos para algumas escolhas sem ter uma noção clara do que exatamente estamos tentando resolver ou conquistar.

O ser humano sempre vai criando alternativas para enfrentar e superar todos os desafios que possam aparecer em seu caminho. Porém, o que muitas vezes não conseguimos enxergar é o motivo real pelo qual estamos agindo de determinada forma. De acordo com o local, época, sociedade e outras tantas variáveis de onde estivermos inseridos, esses são fatores determinantes para perceber as origens de nossos desejos. É mediante toda essa perspectiva que são originadas as nossas necessidades e, consequentemente, a busca por saciá-las. Um psicólogo chamado Abraham Maslow, durante a década de 1950, criou uma forma de estudar essa dinâmica humana e teorizou uma Hierarquia das Necessidades Humanas. Não iremos aqui abordar a fundo, neste momento, exatamente o que ele quis trazer ao mundo. Só faremos uma referência em que iremos nos basear para seguir com as nossas reflexões, em que toda essa visão de mundo se conecta com nossa forma de ver e, consequentemente, como isso gera impactos em todas as áreas de nossas vidas.

É claro que aqui precisamos ressaltar que essas necessidades podem se alterar de tempos em tempos em nossas vidas; dependendo de fatos vivenciados, elas podem continuamente se repetir. Quando isso ocorre, em algumas situações podem gerar travas e estagnação no processo evolutivo. O grande ponto aqui é compreender com quais formas conseguimos construir um alicerce sólido o suficiente, para que possamos seguir em frente de maneira ritmada e constante. Cada um terá seu próprio tempo para desenvolver o que mencionamos aqui, e não podemos forçar nem cobrar que alguém passe de seus limites em qualquer âmbito. Temos de olhar para cada indivíduo como ele de fato é, respeitar toda a sua jornada e suas escolhas, acima de tudo quando cada pessoa as faz. Mas podemos trazer a consciência, por meio de reflexões e provocações, para que busque dentro de si em qual etapa da vida se encontra e, assim, ter mais clareza de quais movimentos precisa fazer. No momento em que temos essa percepção, é provável que nossa caminhada seja mais plena e com muito mais expansão.

Gostaríamos de pontuar que, muitas vezes, essas necessidades são dinâmicas, e a não realização ou resolução delas pode gerar inúmeros desequilíbrios que irão criar vontades que podem eventualmente moldar nossos comportamentos e atitudes. Todo esse movimento pode ocorrer de forma consciente ou não. Por causa desses conteúdos que algumas vezes não temos a visibilidade, devemos procurar nos conhecer o tempo todo. O autoconhecimento é a chave para desenvolver uma capacidade maior de percepção para expandir a nossa consciência.

O Ciclo das Necessidades e Suas Conexões: Físico – Mental/Psicológico – Emocional – Espiritual

Ao olhar para alguém, tentamos enxergá-lo de uma forma abrangente, não apenas como se fosse feito de partes separadas. Ou seja, quando uma pessoa se apresenta com um ponto espiritual, por exemplo, não podemos negligenciar tudo que a envolve. Existem a parte física, a mental/psicológica e a emocional, as quais estão totalmente interligadas entre si e se influenciam mutuamente a todo instante. Não podemos dizer que um desequilíbrio emocional tem a ver só com uma conduta de relacionamentos ou como essa pessoa vivencia suas emoções. Temos de investigar e entender se há alguma perspectiva mental e, até mesmo, física a respeito do que está sendo apresentado.

Hoje em dia, existem inúmeras formas de percebermos o quanto uma doença física pode ter sido manifestada por uma vivência emocional muito intensa (por exemplo). O outro extremo, a não vivência de sua parte emocional, também pode gerar alguma disfunção. Aqui é importante mencionar o quanto os extremos e os excessos de toda e qualquer situação – física/mental/emocional/espiritual – podem nos gerar pontos de falta de estabilidade. O resultado disso pode ser algum tipo de doença em qualquer uma das esferas que mencionamos anteriormente.

Uma exemplificação do que estamos mencionando é o que continuamente passamos na atualidade. Temos um nível de estresse constante. Vivemos em uma recorrente cobrança mental, o que às vezes nem percebemos que estamos fazendo, e isso vai gerando muita tensão física e influenciando em nosso campo emocional. Quando entramos em uma rotina mecânica, que sequer paramos para olhar e sentir o que nosso corpo físico está nos mostrando, há uma grande possibilidade de entrarmos em algum processo de adoecimento. E se existir algum desequilíbrio físico, naturalmente isso poderá afetar de forma direta ou indireta todos os demais "corpos" que possuímos.

Gostaríamos de fazer um adendo quando nos referimos ao termo "corpos". Existem inúmeras literaturas que falam das divisões que compõe o nosso ser, porém aqui utilizaremos de uma forma resumida quatro aspectos dessa denominação. Sabemos que hoje em dia se tem uma quantidade muita grande de estudos, principalmente de filosofias orientais, que falam de cada "corpo" e de todas as suas especificações. Porém, para nosso objetivo nesta etapa, iremos demonstrar de uma forma mais simples alguns aspectos desses corpos e as necessidades que eles podem nos trazer.

- Corpo Físico – tudo que envolve nossas questões orgânicas e biológicas (parte de hormônios, glândulas, necessidades vitais, etc.);
- Corpo Mental/Psicológico – relacionado aos nossos pensamentos;
- Corpo Emocional – centro de nossos sentimentos e nossas relações emocionais;
- Corpo Espiritual – a transcendência, a forma que interagimos e manifestamos a espiritualidade.

Para nós, todos esses "corpos" funcionam de forma integrada em todos os sentidos e ângulos. Imagine um círculo, em que todos esses aspectos são inseridos. Por se tratar de algo em movimento e dinâmico, não conseguimos saber onde começa e onde termina qualquer situação que tentarmos levar em consideração. Se alguém apresentar uma falta de dinheiro, por exemplo, onde será que podemos encaixar esse aspecto? Isso dependerá da perspectiva e do que exatamente podemos trabalhar primeiro. É claro que isso pode interferir em seu estado mental/psicológico, emocional, físico e espiritual. Mas onde será que está a necessidade que ocasionou esse desequilíbrio ou busca de realização? Podemos entrar em aspectos totalmente profundos de cada um deles e em todas as ramificações que eles possam trazer. A reflexão que gostaríamos de trazer aqui é que para qualquer movimento que escolhermos fazer, antes de mais nada, é necessário conhecer o impulso mais profundo que está nos fazendo seguir determinada direção.

Já parou para se perguntar quais são as suas necessidades neste momento? Será que consegue perceber se existe algo mais forte que o direciona a olhar para um ou mais de um dos seus "corpos" neste instante? Como seria, agora, respirar por alguns segundos e sentir o que sua intuição lhe diz? Esse é o nosso convite para você. Qual o desejo real do seu coração neste momento?

As Necessidades e a Busca pela Espiritualidade

"Não somos seres humanos vivendo uma experiência espiritual, somos seres espirituais vivendo uma experiência humana" (Teilhard de Chardin, padre jesuíta, teólogo e paleontólogo francês – 1881-1955).

Leia a frase anterior e reflita... Faz sentido o que ela nos mostra?

Talvez possamos estar em um dos momentos mais especiais da história do planeta Terra. Não estamos menosprezando nenhuma época ou experiência vivida, mas se pudermos, nem que seja por um instante, enxergar tudo o que está acontecendo em nível global, poderemos notar grandes movimentos acontecendo. Em várias eras, de formas distintas, a humanidade sempre buscou compreender o divino e sua relação com a espiritualidade (mesmo que tenha usado outras nomenclaturas para isso). Já parou para perceber a quantidade de informações – sejam elas por livros, filmes, novelas, músicas e muitas expressões de arte – que nos remetem a questionar a manifestação de tudo que colocamos como a presença de D EU S? Até mesmo nas diversas religiões ou filosofias, o quanto as perguntas quem sou eu, onde estou, quem é D EU S e para onde vou estão presentes? Todas elas nos trazem um ponto em comum... Tudo está dentro de você! Todos somos UM! Tudo se conecta com Tudo! Somos UM com o Criador!

Será que isso não se trata de uma evolução ou uma oportunidade de entrar nesse ciclo evolutivo de forma mais consciente? Como seria imaginar que talvez essa seja uma resposta a uma necessidade interna profunda de nossa existência?

A espiritualidade ou as necessidades espirituais não podem ser negligenciadas, nem separadas ou distanciadas de qualquer outra necessidade. E para a realização delas de forma completa, podemos usar todos os ângulos para adentar nesse movimento atual. A Nova Era vem nos informando de maneira clara que todas as esferas de nossas vidas precisam ser trabalhas de forma equilibrada e harmônica. Todos os "corpos" devem trabalhar juntos para uma ascensão maior. Isso ocorrerá quando conseguirmos assumir a responsabilidade igualitária por todos eles e construir uma relação tão natural que poderemos usar qualquer um desses corpos para impulsionar a expansão e ampliação das experiências, independentemente do lugar em que estivermos.

Pelo olhar da espiritualidade, vemos muitas pessoas procurando a resolução de seus problemas em âmbitos religiosos, porém na maioria das vezes esse movimento espiritual está relacionado com outras necessidades. Com certeza, os seres espirituais irão nos orientar e nos acompanhar, mas temos de perceber em qual área precisamos nos aprofundar e cuidar dela. Se temos uma dor de cabeça e passamos em um médico clínico geral, ele até poderá nos receitar algumas medicações para aliviar os sintomas, mas quando se tratar de algo mais detalhado, ele irá nos encaminhar para um especialista. Nos caminhos espirituais o mecanismo é o mesmo, apenas com uma direção diferente.

Na Umbanda, podemos ver quase de maneira didática o que mencionamos aqui. Um médium de incorporação que vai para uma gira, sem ter comido há dois dias; se está muito desequilibrado emocionalmente; e se estiver com algumas disfunções físicas, tomando como base que hoje a maioria das manifestações é consciente, será que essa pessoa conseguirá estar totalmente presente com a entidade? O guia poderá estar ao lado, mas com certeza, por causa do desequilíbrio de um ou mais corpos referentes à situação mencionada, ocorrerão influências e o canal não estará puro. Afinal, que tipo de energia estará sendo emanada naquele momento?

Todos os "corpos" que mencionamos aqui estão interligados e são movidos pelas necessidades que cada um possui. Então, gostaríamos que se perguntasse o que o leva ou levou para a espiritualidade? E agora, qual a necessidade que direciona a sua vida?

Consciência e Expansão

A base para uma evolução ou compreensão mais adequada dos planos espirituais e sua verdadeira missão terrena refere-se à CONSCIÊNCIA. A consciência, nesse caso, não se trata de um sentido psicológico nem ao menos de um sentido biológico ou princípios somente sociais ou culturais. Aqui falamos de consciência como um processo de contato e visualização das verdades sobre si mesmo a princípio e, consequentemente, do todo que se apresenta em nossas vidas. Ter consciência é ter a percepção de que existe sempre algo a se aprender, para conhecer, para experienciar e, assim, uma constante evolução nos diversos planos em que a realidade se mostra. Podemos até dizer que nesse caso o ser consciente está totalmente atrelado à descoberta do seu EU mais profundo e às interações que podemos ter com essa parcela de nosso interior. Ser consciente tem um significado muito mais amplo do que somente intelectualidade ou desenvolvimento racional e objetivo/concreto. Falamos de ser consciente como um processo de compreensão do seu corpo físico, das suas emoções, do seu ser de uma forma mais integral, de acordo com o local onde está inserido. Precisamos observar que o tempo, o espaço (no sentido de local onde está presente) são totalmente relativos, dependendo do ângulo em que se interage com as diversas realidades existentes. Tempo e espaço são somente perspectivas dos corpos que possuímos em cada momento, e isso também se altera de acordo com os níveis que atingimos de conexão e interiorização. Ser consciente, além de tudo, é ter a ciência de que todos nós somos emanações do Divino, células do Criador vivenciando uma experiência humana neste suspiro da existência. Muito mais que isso, ser consciente é ter a visão da própria luz, sentir seu brilho real e verdadeiro, e emanar a principal consciência do Criador... o AMOR. O que queremos dizer com isso é que a verdadeira consciência é ter a percepção de que todos somos emanação primeira do amor divino de D EU S. Quanto mais nos tornamos conscientes, maior será o entendimento sobre essa verdade e a manifestação dos dons do Criador.

Para que a manifestação da consciência aconteça, precisamos expandi-la em todas as direções e de todas as formas possíveis que tivermos. A expansão se trata de um aumento na capacidade perceptiva da sua consciência, de planos e projetos superiores. Expandir significa aumentar consideravelmente todos os potenciais nela existentes. Se todos nós somos UM, todos podemos ser e interagir com a mente criadora. A questão aqui, que precisamos ressaltar, é que cada ser tem seu momento interno para despertar sobre essa verdade e, na maioria das vezes, esse movimento é individual. Cada um terá seu momento de realizar essa expansão.

Apesar de momentos conturbados e até mesmo de difícil compreensão, passamos por um momento de inúmeras possibilidades de atingir uma expansão de consciência individual e coletiva. Estamos sendo provocados e instigados a nos rever como seres e como sociedade. E o que estamos fazendo com tanta informação e sinais que surgem de todos os lados da Criação? Muito do que está se passando se trata de uma possibilidade de um aumento de compreensão, e das capacidades internas e externas. Podemos ajustar nossas frequências com o fluxo criador do universo e, simplesmente, fluir de uma forma mais equilibrada e harmônica. Porém, para esse movimento será necessário muita disciplina, e que o desejo real de nossos corações esteja em vibrações e sintonias superiores. Isso não quer dizer que, ainda na vida humana, signifique negligenciar toda e qualquer emoção ou sentimentos que nos surgem. A expansão é perceber o que podemos fazer diferente e como podemos alterar estados de consciência com maior clareza, por exemplo, nos reequilibrar emocionalmente em alguns momentos sem precisar de agentes externos. Todos temos a capacidade de transformar tudo ao nosso redor. O que ocorre é que, na maioria das vezes, nos esquecemos de que tudo depende e está atrelado às nossas verdades individuais. É preciso olhar mais para dentro de si, para que se expanda. O crescer é resultado de uma avaliação mais profunda do seu interior, é se conectar com seus sentidos mais superiores que, a princípio, estão adormecidos em seu íntimo. Outro fator a mencionar aqui refere-se ao do plano das realizações materiais, por exemplo. Como mencionamos anteriormente no que tange às necessidades humanas, isso está totalmente atrelado a esse processo do qual falamos neste momento. Despertar sentidos mais elevados significa estar acima de necessidades somente básicas ou de princípios apenas de autopreservação ou subsistência (respiração, comida, água, sexo e sono por exemplo). Imagine como a mente ou os desejos irão se atrelar a conexões mais sutis, se nem temos algo para alimentar o nosso corpo ou um local de preservação e proteção de si e dos seus? Por isso que a expansão de consciência está atrelada à total realização e liberação de cada etapa de nossas vidas. Com esse movimento, conseguimos seguir adiante sem nos desgastar ou ficar presos a fases anteriores que poderão às vezes até impulsionar uma estagnação em nosso processo evolutivo. É importante ressaltar que não dizemos que a expansão de consciência está atrelada ao TER, pelo contrário. Está ligada a pontos mais profundos do seu existir e a uma forma de expressão de SER. Ou seja, a expansão que falamos é SER a própria manifestação divina em qualquer âmbito ou conexão que se faça. Atingir a expansão de consciência é se conectar mais com D EU S, aproximar-se mais Dele, ser UM com Ele em todo o universo. Esse é o caminho, a verdade e a vida que nos foi e nos é apresentada todos os dias.

Para trabalharmos essa expansão, D EU S nos permite criar e usufruir de inúmeras ferramentas para serem utilizadas até o momento em que seremos o próprio SER e não mais precisaremos delas. Mas, até chegar a esse ponto, temos os presentes que nos foram dados para utilizar como auxiliares ao nosso processo de crescimento. Aqui, colocamos a Umbanda, por exemplo, como uma ferramenta que a espiritualidade usa para nos impulsionar ao caminho da divindade. Não colocamos, nem entendemos a Umbanda como o FIM, mas como um meio de que o Criador se utiliza para agregar e manifestar diversos aspectos de nós mesmos. Por isso colocamos a Umbanda como um instrumento para nos conduzir ao despertar para a expansão real da nossa consciência. Com disciplina principalmente, atrelada ao desejo real e ao amor crístico, podemos ter na Umbanda um grande impulsionador da espiritualidade. Essa ferramenta também não pode ser utilizada como uma muleta ou um canal de dependências para cada membro participante. Cada um precisa ser livre e compreender que, individualmente, tem responsabilidades pelo seu caminhar. A Umbanda possui um profundo senso de cuidado, carinho, e agrega a todos que por ela procuram, por isso está sendo tão vista e modificada nos últimos tempos. A Umbanda nos traz para uma percepção de aceitação de tudo e todos, como são e se apresentam, sem distinção das diferenças ou bloqueios, sejam eles quais forem. Fora disso, talvez não se trate da Umbanda como ferramenta da espiritualidade, mas de uma ferramenta humana. Nesse caso, ela não estaria exercendo a função pela qual foi semeada na Terra e tão cultivada por vários níveis espirituais. Talvez não percebamos quando estamos no plano material, mas a Umbanda abarca e abraça tudo e todos. Ela absorve os renegados, cuida dos oprimidos e se manifesta das profundezas aos altos céus quando é necessário, para cuidar e auxiliar qualquer ser. Se observarmos a infinidade de pessoas e de seres espirituais que se utilizam da Umbanda como ferramenta, ficaríamos surpresos pela grandiosidade desse movimento. Um movimento dinâmico e universalista, um modo de expandir a si mesmo, uma ferramenta para expansão da consciência individual e coletiva. Se bem utilizada, essa ferramenta pode ser uma forma de se reconectar com os padrões universais e novamente sentir a unidade que tudo é, afinal, um só movimento. Expandir é poder sentir, se lembrar, para que um dia todos possamos ser Um com o Todo, novamente.

Dimensões e Planos Dimensionais

Para nos aprofundarmos em alguns sentidos de percepções mais claras, referentes à linguagem que usamos, gostaríamos de falar sobre alguns conceitos de uma forma breve para aguçar a curiosidade para quem se interessar pelo assunto. Mas também para deixar mais claro termos e expressões que usamos e ainda usaremos no decorrer deste livro.

É muito comum usarmos ou ouvirmos termos como: fisicalidade, plano material, terceira dimensão, plano astral ou simplesmente astral, mundo ou plano espiritual, dimensões, planos dimensionais e correlacionados a isso. Com a Nova Era, alguns termos como transição planetária, quinta dimensão, passagem de terceira para quarta dimensão, ou de quarta para quinta, e por aí vai.

Como enxergamos a Nova Era como um referencial a essa transição planetária e dimensional, sentimos que poderíamos trazer alguns conceitos básicos de algumas vertentes que achamos importantes para uma compreensão mais profunda de algumas reflexões que inserimos aqui. Como já dissemos e ainda nos aprofundaremos em algumas percepções, para nós as várias áreas da vida são totalmente conectadas, apenas vemos de ângulos diferentes. Muito do que falamos, a maioria das vezes, são as mesmas coisas, com linguagens distintas. Vamos trazer algumas delas, para que observe e siga o que fizer mais sentido para você.

Dimensões para a Física Clássica

Existem inúmeros teóricos que falam sobre os conceitos de dimensão na Física Clássica, porém alguns possuem uma linguagem muito complexa e que dificulta o nosso entendimento de uma forma mais simples, já que empregam muitos termos técnicos. Em nossas pesquisas, encontramos um matemático que traduz essa visão científica clássica de modo bem simples e com uma linguagem direta.

Vejamos o que ele diz:

"Quando falamos em dimensões, referimo-nos à possibilidade de mensurar objetos dentro de um espaço. Cada uma das direções em que é possível realizar medidas em um espaço é chamada de dimensão. Se não existe possibilidade de tomar outra medida além do comprimento de um objeto, por exemplo, dizemos que esse objeto possui apenas uma dimensão. Para compreender a ideia de dimensão, o melhor caminho é observar objetos que pertencem a diferentes dimensões e analisá-los com relação às suas medidas.

Espaço unidimensional

A reta é um objeto unidimensional, isto é, possui apenas uma dimensão. Observando bem uma reta, é possível notar que qualquer medida feita sobre ela representará apenas um comprimento. Dessa maneira, pode-se afirmar que retas não possuem largura, só comprimento. A distância entre dois pontos quaisquer de uma reta pode variar entre zero e infinito, contudo, a largura de uma reta sempre será zero porque ela possui apenas uma dimensão. Na realidade, como a reta é um objeto infinito, ela é todo o espaço unidimensional.

Os objetos pertencentes a esse espaço são representados por semirretas, segmentos de reta, pontos e conjuntos de pontos, o que vemos no exemplo acima.

Espaço bidimensional

O quadrado é um exemplo de figura bidimensional. Isso significa que é possível encontrar tanto a largura quanto o comprimento de um quadrado (e de qualquer outra figura geométrica bidimensional). Contudo, a profundidade do quadrado não existe, pois ele não é uma figura que possui três dimensões. Dessa maneira, se uma pessoa se atirasse em uma piscina quadrada bidimensional, pararia na superfície da piscina, pois esta não possui profundidade.

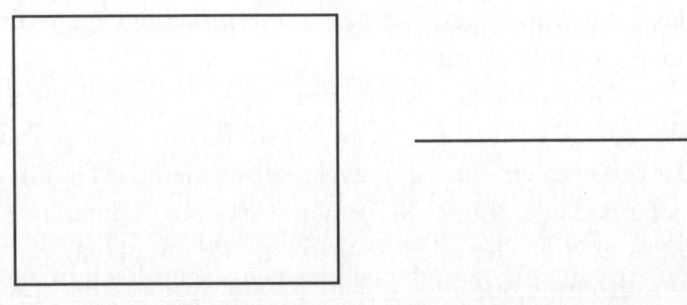

A figura anterior mostra um quadrado visto de cima. Veja que é possível medir seu comprimento e largura. A vista lateral de um quadrado, por sua vez, resume-se a um segmento de reta. O espaço que possui duas dimensões é conhecido como plano. Desse modo, toda a geometria plana tem como base o espaço bidimensional.

Espaço tridimensional

A pirâmide é uma figura tridimensional. Qualquer observador atento notaria que as pirâmides do Egito, por exemplo, têm como base um quadrado, que é uma figura bidimensional. Contudo, acima desse quadrado, existe um grande volume de pedras sobrepostas que culminam em um vértice superior. As medidas possíveis para figuras geométricas tridimensionais são: comprimento, largura e profundidade.

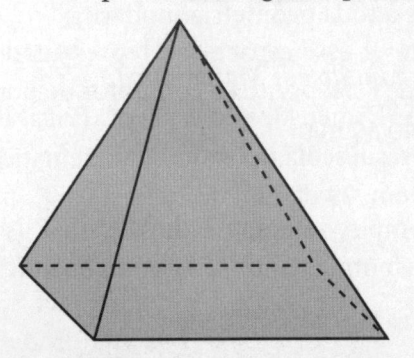

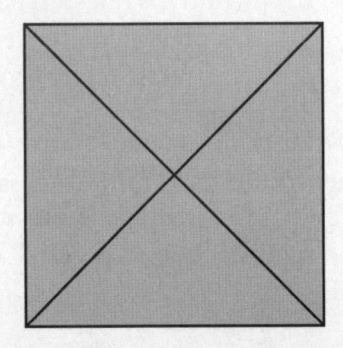

Observe na imagem anterior que a vista superior de uma pirâmide é exatamente o formato de sua base. Dessa forma, vista por cima, percebe-se apenas uma figura de duas dimensões. É necessário rotacioná-la para perceber sua profundidade. O mesmo ocorre com a vista lateral do quadrado: também é necessário rotacioná-lo para compreender sua segunda dimensão.

Espaços multidimensionais

Qualquer objeto presente em um espaço pode ter nascido em determinada época e findar em algum tempo. A quarta dimensão é a representante do tempo. Um objeto quadridimensional ocupa uma posição no espaço em um certo intervalo de tempo. As dimensões seguintes não são representadas geometricamente nem percebidas pelos sentidos humanos (não ainda). Contudo, os cálculos matemáticos que as consideram comprovam sua existência e já são utilizados em diversos campos de estudo e pesquisa, como a informática.

Existem objetos que não possuem dimensão alguma?

Objetos que não possuem dimensão são aqueles em que não é possível tomar medida alguma. Por exemplo, a reta possui uma dimensão e nela é possível calcular comprimentos e distâncias entre dois pontos. Já o quadrado possui duas dimensões e nele é possível calcular tanto comprimentos quanto larguras. Um exemplo de objeto matemático que não possui dimensão é o ponto. Não é possível tomar medida alguma em um ponto. Não há que se falar em comprimento de um ponto, largura de um ponto, etc. Na realidade, pontos relacionam-se com localizações no espaço e, também, são considerados objetos primitivos que dão base à toda geometria moderna".

Por Luiz Paulo Moreira – graduado em Matemática.
SILVA, Luiz Paulo Moreira. "Dimensões do espaço". *Brasil Escola*. Disponível em: <https://brasilescola.uol.com.br/matematica/dimensoes-espaco.htm>. Acesso em: 29 de jun. de 2021.

Dimensões na Atualidade

De uma perspectiva bem direta, podemos dizer que os conceitos que chamamos de tradicional ou clássico da Física têm a ver com tudo que foi descoberto e demonstrado antes do século XX. Tudo que se iniciou depois disso podemos dizer que se trata de um conhecimento da Ciência Moderna. Só colocamos comentários sobre isso para estabelecer o que iremos mencionar sobre alguns conceitos que existem hoje sobre as dimensões.

Temos um exemplo dessas novas vertentes de visões sobre o universo e suas dimensões: a Física Quântica ou Mecânica Quântica. Considerado o pai dessa teoria, o físico alemão Max Planck deu início a esse conceito por volta da década de 1920. Não vamos aqui falar sobre os estudos dele nem como chegou a teorizar sobre isso, só colocamos uma menção para saber de onde surgiu, como uma referência que pode ser útil para quem quiser saber sobre essa visão mais moderna das dimensões.

Atualmente, existem inúmeros estudos sobre a Mecânica Quântica e quais as suas atuações em nosso dia a dia. Alguns exemplos são fabricantes de celulares e até computadores, que utilizam esse termo referindo-se a determinadas tecnologias com essa versão mais aprofundada da visão quântica. Uma das teorias mais faladas dessa vertente é a Teoria das Cordas. Basicamente, essa teoria tenta mostrar como tudo no universo está conectado, e tudo que existe interfere e influencia um ao outro. Para a Teoria das Cordas, como nós a entendemos, tudo irá chegar a um denominador comum. Ou seja, tudo no final terá uma mesma origem e sairá de uma mesma fonte.

Partindo dessa base científica, temos várias ramificações e interpretações dessa teoria, que ainda não é totalmente bem-vista entre os cientistas mais tradicionais. Porém, além dessa visão, esse campo de atuação pode nos deixar minimamente curiosos como alguns cientistas já vêm trabalhando nisso. Para essa vertente, não existem apenas três ou quatro dimensões. Uns já usam 10, 11, 12, e outros até mais de 20. Bom, mas isso são apenas números para aguçar instintos mais desejosos de se aprofundar.

O que nos interessa de fato sobre isso tudo é o motivo para essa introdução, ou seja, demonstrar que essa linha de raciocínio já é utilizada em âmbitos espiritualistas e até mesmo dentro de algumas doutrinas. Às vezes, sem mesmo perceber, doutrinas e filosofias espíritas, espiritualistas e outras tantas, que se utilizam de conexões com os planos espirituais e astrais, já se direcionam para essa visão de mundo. Os espiritualistas universalistas se utilizam muito dessa visão e da Mecânica Quântica para explicar alguns fenômenos dentro das religiões. A religião e a ciência não precisam anular uma a outra, ao contrário, atuando de maneira conjunta podemos expandir cada vez mais nosso autoconhecimento, do mundo em que vivemos e, por que não dizer, até do universo onde vivemos.

Trouxemos algumas provocações para quem sabe seu instinto mais profundo tenha ressonância com isso, para poder ir adiante nesse conhecimento e perceber outras camadas de nossa realidade que até o momento podem parecer muito distantes umas das outras. Para nós, escalar uma montanha pode apresentar vários caminhos. O que cada um irá percorrer é uma escolha individual. Mas será que ao chegar ao topo não estaremos juntos? Que tal refletir sobre isso?

Dimensões e Espiritualidade

Trouxemos algumas introduções para chegar ao que queremos trazer: onde se aplicam as dimensões na espiritualidade. Precisamos compreender que estamos em um plano material, e mesmo nele podemos perceber a existência dessas inúmeras dimensões que mencionamos anteriormente. Como não vemos nada de forma separada no universo, agora falaremos de como nós enxergamos essa integração de todas as visões anteriores com a espiritualidade, que é nosso foco principal, afinal.

Bem, quando falamos de fisicalidade, plano material, plano humano, etc., referimos a essa dimensão que estamos hoje, onde podemos mensurar e interagir de várias maneiras com os objetos, até mesmo com o que chamamos de tempo e espaço. Alguns dizem que estamos em um mundo de terceira dimensão, pelo que já explicamos antes, e outros dizem que estamos em uma quarta dimensão (ou que somos seres de quarta dimensão), porque somos seres que interagem no espaço em um tempo determinado. Para nós, isso é somente uma nomenclatura, cada um utiliza o que fizer mais sentido. Lembrando que o que apresentamos aqui não é uma verdade, mas o que faz sentido para nossa visão de mundo.

Não vamos rotular nem tentar pôr em discussão nossa vida humana e nossas relações, ou onde estão as entidades ou onde fica o plano espiritual (em qual dimensão, por exemplo). A reflexão aqui é para entender quando usamos termos nessa dimensão ou na dimensão do astral/espiritual. Ou termos de plano material ou plano espiritual. Para nós, as entidades e onde elas ficam são o plano espiritual, o que fazemos é essa conexão/intercâmbio por meio de nossos corpos (físico/mental/emocional/espiritual).

Quinta Dimensão e a Nova Era

No que chamam de Transição Planetária, ou seja, o momento que estamos vivendo hoje, alguns usam os termos Nova Era e Quinta Dimensão. Na verdade o que dizem, e que para nós faz sentido, é que esse movimento pelo qual passamos neste instante é exatamente esse caminho de sair de uma terceira ou quarta dimensão e adentrar nessa quinta dimensão – essa jornada se chama Nova Era.

A Nova Era que falamos tanto aqui é essa caminhada para uma dimensão mais consciente e com um nível de interação mais profundo entre nós e o próprio planeta. A Nova Era é a era para chegar à quinta dimensão, é o resultado dessa transição pela qual passamos neste tempo em que vivemos. Não temos como mensurar a duração desse movimento, mas podemos sentir como nossa relação com a variável tempo está mudando. E com isso vemos e sentimos que temos a oportunidade de seguir adiante para um novo nível de consciência.

Como este livro não trata da quinta dimensão nem do que ela significa, só sentimos que poderíamos trazer essa visão que temos sobre ela de uma forma mais simplificada e resumida. A quinta dimensão, podemos dizer, refere-se ao próximo nível de evolução humana. Será onde teremos a consciência plena de nossas conexões, até mesmo com nossos pensamentos. Teremos relações mais profundas uns com os outros, com os animais, com o reino vegetal e mineral, com todos os elementos do planeta Terra e por aí vai. Podemos dizer que é uma dimensão até mesmo com uma comunicação e interação espiritual mais aguçada e mais consciente. É uma dimensão de um sentir mais profundo, tudo que pensamos terá uma ação para a construção de nossa realidade, interna e no mundo que nos rodeia. É a dimensão da consciência mais expandida do Todo e com Tudo que existe.

Essa é a nossa visão e nosso convite, mas para isso também precisamos compreender os aspectos de onde vivemos e todo aprendizado que nos é oferecido neste momento. Temos de entender e sentir mais sobre este plano onde vivemos e interagimos, até mesmo as limitações e ilusões que ele nos proporciona vivenciar.

Dualidade e a Ilusão da Separação

Dentro da criação primordial, acreditamos e sentimos que existem inúmeros padrões e formas de interações dimensionais bem distintos e específicos, tomando como base a perspectiva do planeta em que vivemos neste momento. Aqui mesmo há uma infinidade de dimensões e níveis dimensionais. Alguns deles, até conhecemos e já foram até mapeados pelos cientistas (físicos e físicos quânticos), e interagimos com eles. Mas ainda existe um número inimaginável de outros que sequer ainda foram descobertos e pelo nosso corpo humano ainda não é possível perceber. Em cada uma dessas dimensões, dentro de um mesmo universo ou planeta, por exemplo, existem experiências únicas e aprendizados que somente nesses locais são possíveis. Portanto, não podemos nem mencionar que uma dimensão seria superior ou inferior à outra. A diferença seria só nos ensinamentos que são proporcionados, e no nível de consciência e integração que temos com o Todo nesses tempos e espaços dimensionais.

Bem, não iremos nos aprofundar em questões tão abstratas, nem em outras formas de vida e interações universais. Mas gostaríamos que pudessem refletir sobre essa magnitude que aqui apenas colocamos como uma centelha de provocação e curiosidade para os sentidos mais profundos e aguçados.

Estamos inseridos em um universo onde a grande força de atuação está no poder do coletivo e das interações, do relacionamento em si. Todos estamos conectados uns com os outros de uma forma totalmente direta, e isso podemos sentir na maioria das vezes de variadas formas. Na Terra, e nessa dimensão em que vivemos neste instante, existe um véu de ilusão e esquecimento muito denso. Não que isso seja algo bom ou ruim, mas se trata de uma experiência, um campo de atuação que foi criado para aprendermos a conviver uns com os outros, mesmo na inconsciência da totalidade. Ou seja, estamos inseridos em uma dimensão em que a nossa percepção universal é muito limitada, e isso muitas vezes nos impulsiona a inúmeros desequilíbrios em nosso viver. "Achamos" que tudo é separado e cada coisa é uma coisa, entre os reinos (mineral, vegetal, animal, hominal, etc.), e dentro do mesmo reino. Porém, o que desejamos neste momento é instigar a refletir sobre o que isso realmente significa.

Vivemos dentro de um campo ilusório, por que não dizer até mesmo uma espécie de virtualização do SER essencial que somos. Se pudéssemos fazer uma comparação, diríamos que onde estamos nós somos agentes ou personagens de um jogo virtual, de uma Matrix, por exemplo, que vivemos em um mundo "não real". Talvez isso assuste um pouco, ou até possa gerar algumas dúvidas e inseguranças, mas está tudo certo, vamos nos aprofundar um pouco.

Imaginem que nosso ser essencial ou a nossa essência não tem forma alguma, somente luz e energia. O que temos hoje, que chamamos de corpo e todas as formas que existem e interagimos com elas, são algumas projeções. Seriam como pensamentos que acreditamos que são reais e, de fato, em algum momento se tornam a nossa realidade, seja essa realidade vivida ou somente uma paralela (embora ambas sejam sentidas). Algumas vezes vivemos em uma ilusão, a qual achamos que é verdade, e de fato ela assim se torna depois de um período. Para ficar mais claro o que queremos mostrar, imaginem uma mentira repetida inúmeras vezes. Talvez, em algum momento, de tanto se repetir, possamos acreditar nela. E nesse instante ela se torna "verdade", vira a nossa realidade vivida e experienciada.

Outro exemplo, para reforçar o que desejamos demonstrar aqui, seria o que geralmente entendemos como sofrimento. Muitas pessoas se colocam em uma posição de vítima, acreditam que a vida é sofrimento e que só pelo sofrer podemos crescer e evoluir, e até mesmo que somente vivenciando dores iremos ter conquistas na vida. Porém, onde será que em nosso livro da vida diz que precisamos nos rastejar para ter uma existência equilibrada e plena? Muitas vezes, em algumas situações, ou porque ouvimos da família ou sociedade em que vivemos, acreditamos nisso e sentimos que é uma "verdade". No momento em que nos conectamos com isso, e entramos nessa vibração, vamos reproduzir e manifestar exatamente o que sentimos em nosso interior. Quantas vezes passamos por situações em que nos colocamos em uma posição de "coitados", até mesmo em uma situação de um desequilíbrio de fato? Como seria parar nesse instante para refletir sobre isso? Provavelmente nos lembraremos de momentos que nos colocamos para baixo, não somente porque alguém nos falou algo, mas também porque acreditamos que tal coisa era verdade.

Lembrem, tudo que colocarmos em nossas mentes e sentirmos irá se tornar uma experiência. Não estamos menosprezando nenhuma dificuldade ou uma situação mais complexa, mas o que instigamos para reflexão é o que pode eventualmente estar impulsionando o movimento para que isso ocorra.

Quando estamos nesse plano dimensional, temos uma grande ilusão que foi criada, há muito tempo estamos inseridos nela, reproduzindo-a e se alimentando dela continuamente. Dia a dia, minuto a minuto, suspiro a suspiro, ficamos impregnados da ilusão da dualidade!

Mas o que isso significa?

Isso quer dizer que vivemos "a mentira da separação". Em planos de dualidade, temos a impressão de que tudo é dividido em polos, em extremos. Masculino x feminino, dentro x fora, acima x abaixo, e por aí vai... Isso nos causa uma falta interna, um vazio que não conseguimos compreender, e sempre a busca de algo ou alguém que possa nos satisfazer ou saciar completando esse "vazio" que nos acompanha. Esse é um dos grandes conflitos que vemos hoje na humanidade entre gêneros, ou visões de mundo, ou até mesmo crenças.

Nós vivemos uma vida separados, mas somos todos conectados! Essa ilusão de estar em plano de dualidade nos conduz muitas vezes a guerras, a brigas por verdades absolutas, a sacrifícios e atrocidades por dinheiro e poder, e coisas dessas vertentes. Estar em um plano de dualidade é estar diante da maior dor que como criaturas podemos sofrer, mesmo sem ter consciência: a dor da separação do Criador, do afastamento de D EU S, e de não poder mais estar integrado na criação primordial. Estar na dualidade é perder a noção de quem somos, do que somos, de onde viemos, e da percepção da nossa eternidade e infinitude.

   Quem somos afinal?
   De onde viemos?
   Para onde vamos?

  Já sentiu ou ouviu isso em algum momento de sua vida?
  O plano da dualidade representa uma jornada para o retorno a si mesmo, sem a ilusão da separação. É como mencionamos anteriormente: uma gota do oceano, mesmo estando fora dele, ainda continua sendo parte daquele Todo. Essa dualidade representa essa ilusão de estar fora da criação. Mas ressaltamos, isso é uma ilusão, uma holografia. Jamais deixamos de fazer parte do Todo, só esquecemos que somos o próprio oceano, apenas isso. Podemos dizer que o aprendizado nesses planos duais está ligado ao caminho de retorno à essência primeira. O retorno à presença consciente e perceptiva, onisciente e onipresente do D EU S que somos.

  Observem quantas vezes sentimos falta, saudade, como se faltasse um pedaço de algo em nossas vidas. Parece que sempre que conquistamos algo não é o suficiente, e continuamos essa busca constante por eras e eras. Essa talvez seja a maior demonstração do que queremos colocar como reflexão neste momento. Isso se refere ao desejo de ser UNO novamente com o Todo. É algo que mencionamos, como uma felicidade superior que podemos sentir estando como humanos. Por mais felizes, ou momentos felizes que possamos nos proporcionar, nada será equiparado à felicidade de estar em harmonia e em ressonância com a divina criação, com tudo que existe.

  Os planos de dualidade nos proporcionam aprendizados incríveis e especiais. Mas, falando da Nova Era, e das novas energias em que adentramos, essa verdade deverá ser sentida e cada vez mais desperta. Iniciamos um processo de sentir esses novos padrões frequenciais e entrar de uma vez na consciência da emanação de que tudo se conecta. Se usarmos até o termo dimensão, podemos mencionar que essa nova dimensão em que entramos será da unificação. Com isso, os padrões de dualidade serão vistos e sentidos de forma totalmente diferente. Ainda irão existir, pelas condições que foram estipuladas para as vivências deste local, mas será de maneira totalmente consciente.

Essa ilusão de que falamos da separação e de que as coisas têm extremos e polaridades terá cada vez menos importância nas novas ondas que emanarmos de agora em diante. Isso tudo porque teremos a percepção e a consciência de que todos fazemos parte de um imenso e infinito corpo celestial, de que sendo células dessa imensidão toda, cada ser é uma centelha divina do Criador. Com o enfraquecimento dessa ilusão, boa parte de nossos conflitos internos irá se desfazer. Por consequência, as desavenças que criamos com os outros e com os ambientes em que estamos inseridos, praticamente, serão inexistentes.

Ao pensar nesses conflitos, provavelmente encontraremos em sua totalidade questões associadas a essa percepção de que o que existe é separado e não tem uma relação, direta ou indireta. Se conseguirmos sentir, por um instante, ou até mesmo imaginar que estamos conectados e tudo que fizermos poderá gerar uma reação em cadeia que afetará todo um sistema onde estamos inseridos, teremos a noção do que pontuamos aqui. Ao perceber essa integração, veremos que ao fazer um movimento de cuidado com o outro, de carinho, de amor ou qualquer outra reciprocidade, sentiremos a ressonância do que emanarmos. Iremos colher o que semearmos e precisamos ter essa clareza. Não queremos categorizar nem rotular nada, nem ao menos teorizar, porém aqui valeria uma reflexão sobre a lei do retorno ou ação e reação. Se desejamos que o universo nos traga experiências prazerosas, precisamos emanar esse mesmo padrão dentro de nós. Quanto mais real for essa sensação de conexão de tudo com todos, maior será a harmonia entre as pessoas, com isso menor serão nossas dores e sofrimentos internos e com todos os nossos relacionamentos.

Para isso ocorrer, temos de nos lembrar de respeitar as escolhas uns dos outros e de que nem todos irão seguir na mesma direção no mesmo instante. Será por meio dessas interações que poderemos manifestar uma realidade muito mais equilibrada e harmônica. Assim, teremos relações mais profundas e um tipo de comunicação mais direta entre todas as criaturas.

Não se trata de a dualidade deixar de existir ou de perdermos a nossa individualidade. Isso ainda não. Essa percepção e despertar ocorrerão em outros níveis de manifestação da realidade universal. O que notaremos, e que podemos enfatizar com muita tranquilidade, é que esse movimento já se iniciou. Basta olhar e vivenciar essa dualidade de forma não prejudicial e não destrutiva. Com essa consciência desperta, teremos noção de todos os pontos das consequências das nossas escolhas. E como teremos a percepção do emaranhado que somos, as nossas decisões e movimentos serão mais assertivos na direção do plano maior do Criador.

As experiências nos planos de dualidade são extremamente importantes para nossa caminhada universal, mas voltar a sentir a conexão primordial é nossa fonte de existir. E para aqueles que ainda não conseguirem passar por esses movimentos, não importando o motivo, serão direcionados a outros níveis e locais para continuar seus aprendizados.

Uma reflexão consciente nos abre portais para ir além do que achamos que conhecemos. Permite-nos compreender não somente quem somos ou por que estamos onde estamos, mas nos conecta com nossa caminhada atual para que, assim, cada passo se torne um único movimento em conjunto com o Todo. Por isso que colocamos uma vasta e ampla possibilidade de conexões extrassensoriais neste momento, para que aqueles que conseguirem sentir e perceber possam navegar no mar da criação, assim como nós estamos neste instante. Não se trata de controles ou manipulações do que chamariam de caminhos mentais, podemos dizer que aqui seria uma forma de mover a sua mente superior dos núcleos universais aos seus centros neurais corpóreos. Esse movimento de ir para dentro de si vai muito mais além de perceber o que acontece em seu corpo físico neste instante, é se abrir para os sentidos mais profundos do Criador e, quem sabe, assim ativar seu D EU S interior, bem como uma célula do ser primordial. Lembrem-se de que somos seres divinos nessa jornada na dualidade, e que refletir sobre isso nos traz a consciência plena de que somos muito mais que nossa mente humana pode nos mostrar.

Para seguirmos adiante, temos de olhar para dentro de nós e para nossas experiências em tudo que fizermos. Uma verdade que às vezes nos esquecemos é que se tudo está integrado de alguma forma, podemos dizer que tudo é uma única energia, apenas com uma consciência separada por um tempo. Dessa perspectiva, onde tudo está inter-relacionado, gostaríamos que sentissem a presença do Todo em Tudo e, assim, sentir que Todos somos UM!

Todos Somos Um... Um Somos Todos

Provavelmente você já deve ter escutado ou lido em algum lugar as expressões: "Todos somos Um", "Um somos Todos", ou até mesmo algumas variações delas. Porém, o que queremos trazer aqui é não só uma frase ou expressão vazia ou apenas algo a ser repetido mentalmente e sem sentido. Refletir sobre essa expressão, bem como observar o sentir que ela pode nos trazer é primordial para dar continuidade ou até mesmo se abrir para o novo que essa era nos apresenta.

Não se trata de uma forma simbólica ou projetiva o que falamos aqui, é algo direto e literal. Quando colocamos que somos um só ser, é necessário compreender que não se trata somente da parcela humana. Tudo e todos somos um, estamos todos conectados, toda criatura advinda da mesma fonte é como uma célula de um mesmo corpo. Nesse caso, podemos até inferir que somos células do que chamamos D EU S. E quando falamos dessa forma significa um jeito direto e prático do que essa expressão demonstra.

Para elucidar de uma forma mais objetiva, imaginem o corpo humano que habitamos hoje. Temos vários sistemas (sistema respiratório, sistema circulatório, sistema nervoso, etc.). que o compõem, e dentro de cada sistema existem células com atividades específicas para cada função preestabelecida em que ela foi formada e formatada para fazer. Nesse caso, podemos ver que algumas têm comportamentos bem distintos umas das outras. Basta observar as células que participam do sistema nervoso central, por exemplo, e paralelamente ao sistema digestivo. Algumas têm movimentos específicos e códigos de informação que as diferenciam umas das outras, porém nesse caso enfatizamos apenas as diferenças pelas funcionalidades. Mesmo fazendo parte de um mesmo corpo, possuem características especiais. Ou seja, independentemente de qual sistema essa célula faça parte, ela se integra e complementa totalmente para o pleno funcionamento do nosso organismo, como um complexo em que todos agem de forma inter-relacional. Não há uma célula ou sistema melhor do que outro, cada um na sua função contribui com o que possui de codificação (informação e conhecimento, por assim dizer) para uma melhor utilização e experiência de cada organismo.

Bem, agora imaginem que nós pudéssemos ser células de alguma parte do "corpo de D EU S", nesse caso podemos ter as mesmas peculiaridades dos sistemas que mencionamos, mas não deixamos de fazer parte desse corpo. Ou seja, somos parte integrante do próprio Criador. Fazemos parte de toda essa constituição, em todos os níveis e esferas existentes. Temos o código-fonte de tudo que é, em todas as partes de nossos corpos. Por isso podemos dizer que essas células, físicas e não físicas, que fazem parte dos nossos corpos, são subpartículas ou subcélulas de D EU S. Nesse sentido, vale uma reflexão sobre o que realmente somos e o papel do Criador em nossa existência, e de nosso papel na criação. Se somos células de D EU S, Ele não está em nós, nem nós Nele. Nós SOMOS um só de todas as formas, ângulos e perspectivas com ELE.

Vale ressaltar que, nesse caso, essas células são tudo que existe, não somente "seres inteligentes" como humanamente são denominadas. Se tudo que existe são células do Criador, toda criação tem consciência e está interligada de alguma forma. Não importa, ainda falando do plano humano (plano em que vivemos), se dos reinos mineral, vegetal, animal, hominal, e até de esferas menos densas, todas essas realidades convergem em algum momento. Partindo dessa premissa, tudo que nos rodeia externamente e tudo que compõe nosso interior fazem parte de uma grande malha criacionista. Para exemplificar o que queremos dizer com malha criacionista, imaginem que se tudo no universo, toda a criação existente e todas as criaturas estivessem dentro de uma grande teia, semelhante a uma imensa teia de aranha. Toda ação ou movimento que ocorrer em qualquer um dos pontos que compõem essa teia irá afetar e ser sentido em todo o sistema. Quando um inseto cai em uma teia onde quer que seja, a aranha percebe isso por uma vibração e se direciona para o foco, origem dele. O universo e tudo que está inserido nele, em nossa visão, se assemelham muito a essa imagem. E todas essas partes podem conversar, dependendo da necessidade e do momento. E claro, de acordo com nosso nível de consciência da evolução e de nós mesmos.

No plano humano, já existem hoje inúmeros estudos e teorias que demonstram, de uma forma científica, essa relação de interdisciplinaridade entre tudo que existe, seja entre pessoas, animais, plantas e até mesmo uma inter-relação entre essas esferas. De algum modo, tudo interage e pode influenciar e interferir nos movimentos uns dos outros. Aqui ainda falamos do plano material, onde já é possível verificar e estudar sobre essas interações. Agora imaginem de um ângulo muito maior, no qual toda a criação conversa e troca dados e informações todo tempo. E um pode contribuir com o outro, a todo instante.

Basta observar o exemplo que trouxemos dos sistemas que compõem o corpo físico humano. Cada sistema trabalha de forma conjunta para que o organismo tenha vida e se mantenha vivo. Não é diferente quando falamos do plano da espiritualidade, por exemplo. Quantos seres vêm tentando nos ensinar e mostrar há muito tempo como funciona essa relação entre as dimensões? Uma afetando a outra que afeta uma e demais existentes. O que pretendemos mostrar aqui é que toda criação está sim, literalmente, convivendo de forma totalmente direta e se construindo a partir uma da outra.

Não há uma realidade melhor ou pior do que a outra. São apenas modos diferentes de interagir com parcelas de si mesmo e de tudo que existe. Quando conseguirmos perceber e sentir isso, não mais existirão conflitos e brigas internas e externas ou, pelo menos, a tendência é que se diminuam a níveis quase nulos. Afinal, sabemos que se destruirmos algo, destruiremos a nós mesmos, uma parte de nós, do todo que nos compõe.

Se observarmos, nos últimos anos e até décadas, muitos filmes ditos de ficção científica vêm mostrando essa relação dentro e fora do planeta. Acham que isso é por acaso? Podemos dizer com toda certeza que não. Isso é um plano da própria espiritualidade, de algumas esferas mais conscientes, para trazer esse repertório para o humano. E de uma forma subliminar, ativar algumas memórias de registros cósmicos para que, no momento certo, possamos acessar essas informações e interagir mais com algumas realidades universais. Sejam filmes, novelas, livros, desenhos... não importa a origem, são chaves que estão sendo liberadas para que a nossa mente mais divina entenda o recado e, no momento que se permitir, esse acesso seja ativado e novamente possa vislumbrar o Todo que há em cada partícula de tudo que existe.

É por isso que resolvemos trazer essa reflexão, antes de adentrarmos em uma parte mais direta do que está sendo desenvolvido e apresentado a você. Quando puder sentir essa ressonância dentro de seu próprio coração, sua mente irá virar a chave para que suas percepções mais profundas possam vir à superfície e mais uma vez interagir mais harmonicamente com todas as esferas que puder e com os corpos que tiver. Isso tudo no momento em que se permitir.

As nossas experiências nos diversos corpos que cada dimensão e planeta nos proporcionam são algumas chaves para essas liberações. De alguma forma, é o universo que você é interagindo com os demais universos que toda criação também é.

Portanto, aqui deixamos a reflexão para você se atentar ao que exatamente existe e pode vir à tona de dentro do seu mais profundo ser. Você já é o Divino que se manifesta em sua vida. Só precisa se lembrar disso. É uma das principais chaves que nos foi dada neste momento. A chave para que SINTA e seja o que já é... UM COM TODOS E COM TUDO.

Desenvolvimento Espiritual

Após falarmos sobre algumas perspectivas do que se trata a espiritualidade e como enxergá-la neste momento de início da Nova Era, gostaríamos de trazer algumas reflexões sobre formas de perceber esse lado espiritual.

A princípio, o fator primordial para esse movimento é silenciar as partes mais externas e a conexão com o plano material ou somente os conteúdos da fisicalidade, para que possamos transcender e ir além do que nossa capacidade intelectual permite. Trata-se de ir além do que nossa parte mental nos mostra, é sentir o que nos faz sentido e adentrar em nossas crenças espirituais. Precisamos acreditar em D EU S, nos guias, nos Orixás, em tudo no que nos faz bem e ativa o sentimento de pertencimento à mesma família. Somos todos irmãos, filhos do mesmo fluido PAI/MÃE. Olhem como os Pretos-Velhos, em toda simplicidade e humildade, nos ensinam a viver de forma mais integrada com a natureza, uns com os outros, com as plantas. Eles são um grande farol que nos ilumina a todo instante, e cuidam com todo carinho e amor. Tratam-nos com tanto calor fraterno, que é possível até sentir o abraço deles sempre que elevarmos nosso pensamento a D EU S. Se pudermos ir além do que podemos somente ver, perceberemos que eles demonstram como ser a própria espiritualidade em todas as nossas ações.

Já comentamos muito sobre o termo que usamos como ferramentas, mas como e onde isso se aplica de fato? Como usar essas ferramentas de uma forma consciente para impulsionar esse processo?

Quando falamos de desenvolvimento espiritual, trazemos um adendo mais específico à evolução e à expansão da consciência como um todo, como se fosse uma chave de acesso à universalidade de cada ser existente no Todo. Nesse sentido, deixamos diretamente ligada a questão desse desenvolvimento com o processo de evolução, não somente como humano, mas também como seres divinos e cósmicos. O desenvolvimento do que chamamos de espiritualidade está contido em cada elemento de conceitos e práticas de conexões, em níveis mais profundos de sua existência mais abrangente. Essa forma de despertar nem sempre se refere a uma visão linear e igualitária para todos. Precisamos nos atentar que cada emanação tem uma visão e uma interação muito peculiar das automanifestações do Criador. Portanto, interagir com essas formas é, acima de tudo, entrar em contato com parcelas totalmente profundas e, na maioria das vezes, totalmente inconscientes do que se tem como padrão de realidade. Isso não quer dizer que não possamos ter algumas diretrizes, orientações ou alguns passos que possam facilitar essa conexão. O que é muito importante deixar destacado aqui é que cada um tem um gatilho diferente do outro, ou seja, cada um tem uma forma de se conectar e interagir com as esferas mais sutis de diferentes maneiras. Não queremos aqui trazer um conceito de julgamento, nem colocar aspectos como certo ou errado, bem ou mal, bom ou ruim. Na verdade, a questão aqui se refere a atentar de forma mais íntima ao que seu interior lhe diz, para qual direção deve se caminhar neste momento da jornada.

Se pudéssemos definir uma meta do desenvolvimento da espiritualidade, com toda certeza, diríamos que seria não somente o despertar do AMOR, mas também se tornar o próprio amor em movimento. Nesse sentido, atingiríamos o ápice de um centro de evolução para que pudéssemos dar o próximo passo na escala evolutiva. Ser o amor, falando dessa perspectiva dimensional, que ainda se possui dentro de algumas esferas que, como humanos, ainda não são possíveis de acessar, é um pontapé inicial para conseguir perceber que a universalidade é muito maior do que se imagina nesse sentido de evolução planetária. Não se trata do tema que iremos abordar neste momento, mas de uma conexão muito além do que algumas capacidades mentais humanas podem compreender e até mesmo aceitar. Desse modo, só deixaremos isso como uma semente jogada em um solo; no momento em que estiver fértil e pronta o suficiente, poderá germinar.

Voltando ao assunto do desenvolvimento espiritual, poderíamos dizer que isso se refere a ser quem de fato é, independentemente do que isso signifique ou das consequências que possa ocasionar na sua vida atual. Desenvolver-se espiritualmente é ir além dos conceitos humanos, é transcender o que se chama de sociedade e cultura, é se sobressair de seus próprios medos e ilusões, é despertar sua luz e divindade mais profundas. Porém, tudo isso é um processo que requer disciplina, empenho, dedicação, despir-se de uma rigidez moral e ética humana para chegar a um ponto mais amplo. É se integrar, de forma direta e consciente, com as leis universais e novamente ressoar em uma só harmonia com a natureza, com o planeta, com o cosmos em si. Entrar e aceitar esse desenvolvimento significam deixar o passado em outro tempo e espaço, e se desapegar de tudo e todos que o prendem no caminho. Temos de ressaltar que esse desenvolvimento de que falamos é totalmente individual, cada ser precisa passar por isso de uma forma "solitária". Isso não quer dizer solidão. Precisa ficar bem claro: quando dizemos que essa caminhada é individual e solitária, é no sentido que ninguém poderá passar por você. No decorrer da jornada, sempre contamos com parcerias, orientações, caminhando lado a lado com outros seres, mas tudo isso sem se apegar ou impedir o movimento do outro, ou até mesmo se prender em sua jornada por pensamentos, emoções e sentimentos.

Observamos que o apego é um dos maiores obstáculos nessa jornada. Muitas vezes, na vida humana, desenvolve-se um apego muito forte a questões materiais, a pessoas, a conceitos, a verdades que são criadas no decorrer dessa caminhada, etc. Para entrar nesse caminho de despertar, uma profunda reflexão deverá ser feita antes de se iniciar o processo integralmente. Referimo-nos a deixar e trabalhar mais e mais esses apegos que nos aprisionam e nos iludem na ideia de controle e posse. Não somos donos de nada, mas tudo que existe no universo está à disposição de todos para ser utilizado, ampliado, manifestado e tudo o mais que o desejarmos. Porém, quando nos prendemos a toda e qualquer coisa, nos esquecemos de que onde estamos é apenas mais uma etapa, mais uma parada na longa jornada universal. Por isso, antes de iniciar todo e qualquer processo nesse sentido, se pergunte e seja verdadeiro consigo na resposta, se de fato está disposto a adentrar nesse caminho. Com toda certeza será um percurso de bênçãos, realizações e transformações muito profundas. E isso não quer dizer que não existam obstáculos e desafios na caminhada. Mas não há com o que se preocupar, só é necessário entender e aceitar, de uma vez por todas, que o seu maior aliado é ao mesmo tempo seu maior algoz, VOCÊ MESMO. Só nós podemos barrar e impedir nosso desenvolvimento e nossa evolução. Perdemo-nos em nossas confusões e isso faz que fiquemos sem energia o suficiente para fazer os movimentos que são necessários, com isso nos abandonamos em nossa própria ilusão. É preciso refletir sobre o que o prende para não se impulsionar nessa jornada. Se o apego for grande e você não tiver consciência, as dores podem ser profundas nesse processo, mas não precisam ser, afinal, tudo é uma questão de consciência e percepção. Quanto mais consciente somos sobre nós mesmos, maior será a fluidez nesse caminho. Quanto mais nos conhecermos e de fato trazer nossas verdades e nossos EUs à superfície, mais sutil e natural será esse despertar.

Nesse sentido, trazemos o despertar espiritual como uma fonte de seu autoconhecimento e conexão com o Divino por meio dos corpos que possuímos neste momento. Se tudo e todos são expressões do Criador, então só precisamos ajustar as frequências para adentrar em uma sintonia e vibração de que precisaremos em cada situação. Existem inúmeras ferramentas para proporcionar esse desenvolvimento espiritual, porém todas elas derivam de uma mesma vertente: "conheça-te a ti mesmo". Tudo parte do princípio de saber quem é, o que sente e quais são seus desejos reais. Muitas vezes não aceitamos os desejos que descobrimos dentro de nós, dos mais simples aos mais extravagantes, e nos esquecemos de que isso faz parte de nós em determinado momento. Conhecer-se, sem julgamentos e sem apegos: esse é o primeiro passo para o despertar da verdadeira espiritualidade. A partir dessa conexão mais consciente, seu próprio interior fará as conexões e as ampliações que forem necessárias para que os passos seguintes sejam possíveis de se enxergar. Em todo processo é necessário confiar, porém, não se trata de uma confiança linear e concreta, mas de despertar esse sentido de forma subjetiva, sem às vezes ter uma diretriz racional, mas o que seus sentidos mais profundos lhe dizem. Para essa jornada, o caminho muitas vezes será intuitivo, deveremos nos abrir para nossos sentidos mais essenciais. Isso às vezes pode ocasionar sucessivos incômodos, pois saímos de uma zona de conforto que nós mesmos criamos sem perceber. Sair desse cenário sem as certezas e ideias de falso controle que temos é a barreira que pode ser encontrada nesse caminho. É adentrar em um caminho na clareza de que a única certeza é a incerteza, e de que seremos testados continuamente por nós mesmos em cada etapa.

Então, o que você está disposto a fazer para ativar esse despertar?

O que seu coração lhe diz neste instante?

Como sente que pode adentrar nessa jornada e se tornar mais do que dono de si? E se tornar uma célula consciente e ativa do universo?

Com essas reflexões, conseguimos adentrar em outro ponto que gostaríamos de abordar. Assim como falamos de diversas ferramentas, já comentamos que enxergamos a Umbanda como uma ferramenta da espiritualidade para se atingir ou ser um ponto de conexão do despertar. Achamos válido trazer neste momento um aspecto da Umbanda: a mediunidade como forma de desenvolvimento. Mas de que de fato se trata essa mediunidade como ferramenta que mencionamos? O que significa essa mediunidade e como desenvolver essa capacidade como parcela integrante do desenvolvimento e conexão com a espiritualidade?

Nos tempos atuais, vemos a consciência cada vez mais desperta nos médiuns, independentemente do estilo de mediunidade que apresentam. Talvez, não tenhamos parado para analisar de uma forma mais ampla os motivos desse movimento nos últimos anos e por que abordamos tanto isso nesta Nova Era. A mediunidade em si entendemos como uma ferramenta para um intercâmbio entre dimensões. É como se utilizássemos essas conexões como forma de ampliar nosso conhecimento e despertar cada vez mais nossas percepções extrassensoriais. A mediunidade para os novos tempos terá uma importância ímpar no que se refere à forma de enxergar e conseguirmos sentir, de uma vez por todas, que todos estamos conectados de alguma forma. Sejam encarnados ou integrantes das colônias espirituais, sejam do reino animal ou vegetal, sejam de um plano micro ou macrocósmico, tudo e todos têm uma conexão. Essa verdade, com uma mediunidade consciente, pode ser de grande valia para o que anunciamos anteriormente como despertar ou desenvolvimento espiritual.

A partir da era da consciência em que estamos adentrando não haverá nem um tipo de dependência ou codependência, seja de integrantes de um mesmo plano, seja de planos diferentes. O que existirá será uma completude e um compartilhar de verdades e percepções individuais para que, ampliando o coletivo, tudo se torne mais forte dentro e ao redor de onde cada um estiver inserido. Por isso ressaltamos que, de agora em diante, um trabalho de autodesenvolvimento e autodisciplina será muito mais amplo, o qual beneficiará o uno e o todo igualmente. Não haverá mais espaço para dependências dos seres que nos auxiliam do plano espiritual, teremos de assumir aos poucos a nossa própria parcela de responsabilidade pelo que criamos, independentemente de onde estivermos.

É dentro dessa perspectiva que inserimos a parte do desenvolvimento mediúnico como algo a ser cada vez mais trabalhado em nosso dia a dia. Esse desenvolvimento se refere a ampliar as suas capacidades de percepção e interações com vários níveis diferentes. A mediunidade e esse desenvolvimento nada mais são que ajustar suas "antenas" internas para captar as informações e os conhecimentos necessários para o que precisar em cada situação. Com essas antenas ativas e despertas, tudo o que for necessário para cada circunstância, naturalmente, começará a surgir dentro de cada um. O que será preciso, aos poucos, é se trabalhar fortemente em cada sentido que for desperto. Todos somos seres transcendentais, infinitos e eternos, e com esses ajustes conseguiremos perceber que as nossas passagens podem se dar de uma forma mais amena e sutil, quem sabe até sem tantos desequilíbrios e desencontros. Embora até mesmo isso que chamamos de "ruim" no plano humano tenha uma referência em um nível de aprendizado. Porém, o que está sendo nos oferecido neste momento é uma forma de passar por essa jornada de uma maneira em que tudo seja pelo amor, para o amor e com amor. E sabemos que tudo com amor é muito mais suave. Estamos constantemente recebendo esse convite da espiritualidade para nos afinar com essas energias, e fluir novamente, de forma natural, com o universo.

Poderíamos aqui inserir inúmeras formas de como enxergamos esse despertar mediúnico, mas não traremos isso de maneira direta neste momento. Nesse sentido, a ideia primeira é provocar uma reflexão interna para que seu EU mais profundo lhe mostre e direcione o que é de fato esse desenvolvimento neste instante. Para satisfazer um pouco a parte mais humana e até por que não dizer racional, o que podemos deixar como reflexão são pontos dos sinais da mediunidade e suas ramificações no seu dia a dia. São formas de começar a trazer suas esferas mais sutis para a superfície e manifestar de um modo mais objetivo os dons e seus sentidos mais profundos, de dentro para fora, sempre. Tudo de que precisa já está dentro de si, e no caminho do desenvolvimento da mediunidade não é diferente. A forma que interagir e se integrar consigo mesmo, naturalmente, terá um reflexo nas suas relações, com os demais seres e toda a criação.

Tratando-se de desenvolvimento mediúnico, podemos procurar formas de sutilizar nossos pensamentos e emoções, e trazer cada vez menos tensões e estresses exagerados para nossos corpos. Esses padrões criam rupturas nas percepções e, de alguma forma, trazem certa ilusão mediúnica, o que às vezes pode gerar muito desconforto. É nesse ponto que existe uma dificuldade muito grande em separar o que é de fato uma percepção individual ou algo que está absorvendo de outras pessoas ou ambientes. Nesse aspecto, a melhor forma será se silenciar, encontrar um ponto de conexão com seu interior. Algumas mentes podem se questionar o que isso tem a ver com o desenvolvimento mediúnico, e aqui colocamos uma inferência: como usar um veículo para transportar algo de um lugar para outro se esse automóvel já estiver cheio? Em um evento ou manifestação mediúnica, precisamos buscar esse ponto de equilíbrio para que a conexão seja mais profunda, nesse sentido, com uma manifestação maior. Não há como ampliar esses movimentos se não tiver espaço para isso. Do contrário, apenas conseguirão ter uma falsa percepção das energias e dos seres que estão tentando se comunicar. Limpar a mente, ou amenizar os pensamentos, acalantar o coração e sutilizar as emoções são caminhos essenciais para iniciar uma manifestação mediúnica mais clara, objetiva e límpida, e acima de tudo totalmente consciente.

Desenvolver-se mediunicamente também está atrelado a alguns princípios e valores que precisam estar estabelecidos nesse âmbito. Não falamos aqui de uma perspectiva somente de regras, diretrizes e conceitos humanos, mas dos valores que a própria espiritualidade for desenvolvendo durante essa caminhada. São valores cósmicos e universais que as entidades podem nos trazer de várias formas, e se não estivermos na vibração adequada podemos não compreender na essência a informação ou até mesmo interpretar de uma maneira não muito real para prática em si.

Pode até parecer que não tenha uma conexão direta, mas o despertar da gratidão também é uma forma de ampliar e se aprofundar na mediunidade. Na verdade, trabalhar, bem como vivenciar a gratidão, prepara nossas sintonias e auxilia para que possamos ficar mais conectados ao mundo da luz e dos seres celestiais. A gratidão é um farol que, se aceso, pode guiar muitos seres da luz para nosso lado. Falamos aqui dessa gratidão como um dos grandes motores de ativação e manifestação desta Nova Era, e exatamente por esse motivo a colocamos como um ponto atrelado à mediunidade. Quando o aparelho está repleto da luz da gratidão, todas as frequências similares se aproximam para se conectar e trocar energias. É uma forma de intercâmbio espiritual. Não estamos aqui usando o princípio da gratidão como auxiliar na manifestação de outras áreas da vida, por enquanto não iremos abordar essa outra vertente, isso será em outro momento. Apenas lançamos mais uma possibilidade de encarar e sentir de uma forma diferente, é mais um motor que servirá de guia para esses tempos que se apresentam e, consequentemente, são impulsos para esse desenvolvimento mediúnico.

Ao falar de desenvolvimento da mediunidade, não poderíamos deixar de lado uma explanação sobre a incorporação. Bem, muitos procuram algumas ferramentas da espiritualidade, como a Umbanda que falamos aqui, imaginando que só esse é o caminho. Procuram e já em um primeiro momento querem receber as entidades, sair dando passes, atendendo pessoas ou demais manifestações. Porém, precisamos observar que a incorporação também é um modo de manifestação da mediunidade, e para que ela possa chegar às suas potencialidades máximas, precisa passar por um período que poderíamos chamar de pré-incorporação. Nesse momento, o médium vai se afinando com a energia da entidade, sintonizando-se com os seus corpos e a vibração do ser que está se apresentando. Essa pré-incorporação pode ser desenvolvida com períodos mais conscientes de meditação, relaxamento, músicas, movimentos com o corpo físico, dentre outros. Mas ainda não é o acoplamento total das frequências, que chamamos de incorporação. Para essa manifestação da mediunidade, precisamos fazer um trabalho minucioso e cuidadoso para que a experiência seja mais clara e objetiva possível. Necessitamos trazer uma sintonia para todos os corpos, e ajustar nossos padrões de pensamento e emoção de acordo com a entidade que irá se manifestar. Portanto, nesse sentido, o desenvolvimento desse aspecto tem uma relação com outros tantos que precisam ser observados e, aos poucos, ser lapidados para que essa experiência seja cada vez mais profunda.

Nós teremos em um momento mais à frente um outro espaço e tempo para nos aprofundar de fato nas ferramentas da mediunidade, e alguns passos que podem ser feitos para esse movimento. Mas é preciso ficar bem claro que isso também irá requerer uma parcela de empenho muito grande da pessoa que escolher essa jornada. Ninguém sabe de tudo e jamais saberá, seremos eternos aprendizes no plano maior do Criador, nos desenvolvendo e indo cada vez mais além. É necessário ter a ciência das trocas, quando existe essa oportunidade, e aqui falamos não só do intercâmbio de dimensões, mas também entre esse plano do humano mesmo. Essas trocas criam aberturas e ampliação de consciência para todos que estiverem ajustados e dentro da mesma vibração. Agora imaginem só um grande grupo de seres vibrando e emanando na mesma frequência! Imaginem só a capacidade de expansão e o aumento da energia que poderão ser realizados! Imaginem a proporção de conhecimento e até mesmo de informações e de cura que poderá ser atingida! Imaginem só as capacidades que poderemos desenvolver e alcançar!

A questão essencial é, novamente: o que estamos dispostos a fazer para essa evolução e despertar?

Mediunidade Consciente

Gostaríamos de chamar a atenção para um ponto extremamente importante que vem acontecendo nos últimos anos e, talvez, alguns não tenham percebido ou até negligenciado sua ação nos dias de hoje.

Porém, antes de falarmos da mediunidade atual, precisamos fazer um rápido lembrete de como era a manifestação mediúnica no passado e por que ocorria daquela forma. Bem, para começar, vamos pensar nas histórias que cada um se lembra de um médium ou qualquer história de que já tenha escutado de como as entidades se manifestavam. Na maioria das vezes, a pessoa ficava totalmente inconsciente, não tendo qualquer influência ou interferência no processo. O médium era, de fato, apenas um agente mediador entre um plano e outro. No passado, a mediunidade era algo totalmente desconhecida e até mesmo designada como evento de bruxaria ou magia negra; diziam que as pessoas ficavam "possuídas" por espíritos malignos que só desejam fazer o mal e manipular os outros. Mas, verdadeiramente, nos perguntamos: por que esses movimentos aconteciam?

O ser humano, por uma característica natural, tem medo de tudo o que é novo e desconhecido. Por isso, todos os eventos que fugiam ao padrão de locais e eras poderiam ser considerados um fenômeno maligno. Por não ter conhecimento do que de fato acontecia nos processos de uma incorporação, canalização ou ferramentas desse tipo, a espiritualidade precisava se utilizar de uma espécie de bloqueio psíquico para que a mente do médium não interferisse no processo ou, até mesmo, bloqueasse algum ensinamento ou tratamento para a pessoa que estava diante dele. Portanto, a espiritualidade se utilizava de um esquecimento momentâneo, inclusive para proteger a mente do médium de um colapso ou de uma desconexão da realidade. Nas eras antigas, sempre existiram médiuns, assim como hoje, mas eram chamados de outros nomes e até mesmo alguns viviam afastados das grandes sociedades e de aglomerações. Às vezes, até por desconhecerem o que significavam e como utilizar os seus dons.

No decorrer dos anos, a mediunidade começou a se tornar um ponto de estudo dentro das próprias ciências humanas. Todas as doutrinas ditas "espíritas" (aqui, chamamos de doutrinas espíritas todas as filosofias, religiões, doutrinas, e tudo que acredita e trabalha com o mundo espiritual de uma forma direta ou indireta) começaram a chamar atenção para seus fenômenos e manifestações das inúmeras formas que ocorriam, tanto com o médium quanto com as pessoas que o cercavam no momento de um contato, até mesmo no ambiente de que faziam parte. Com isso, muitos ensinamentos começaram a ser decodificados e transformados em uma linguagem mais direta para todos que assim o desejavam. Isso ocorreu desde que as doutrinas começaram a criar uma metodologia para entender esses fenômenos, como o Kardecismo, por exemplo. Mas também se abriu uma porta imensa para estudos mais profundos, até mesmo, de matrizes africanas e doutrinas muito mais antigas que até o momento nunca haviam tido abertura e uma atenção mais profunda para a compreensão de tais atividades. O Kardecismo criou o método puramente ligado à literatura, à filosofia e adendos mais teóricos da prática mediúnica, e isso fez com muitos esclarecimentos viessem à tona no que se refere ao funcionamento do médium e da manifestação das entidades, tanto para processos de cura quanto para transmitir conhecimento do plano espiritual. As doutrinas de matriz africana (como a Umbanda e o Candomblé, por exemplo) sofriam um preconceito muito grande por causa dos seus rituais com utilização de músicas, danças, objetos consagrados, e uma interação com a materialidade e suas peculiaridades.

Dentro desse processo de manifestação das entidades, muitas delas indicavam diversas recomendações a serem feitas, por exemplo, a utilização de ervas para banhos, chás ou infusões de vários tipos. Às vezes consagravam alguns objetos e recomendavam alguns tratamentos com um prazo mais longo a serem realizados. Porém, o que os médiuns que serviam de veículos para essas entidades sabiam exatamente do conteúdo que estava sendo transmitido? Quais materiais de estudo essas pessoas tinham para consultar e se aprofundar no funcionamento das ervas e de toda a ritualística que era feita pelas entidades? Onde iriam procurar esse conhecimento para que pudessem compartilhar e até mesmo deixar registrado para que outros pudessem se utilizar desse mesmo conhecimento?

Aqui está o grande segredo da consciência ou da inconsciência de um médium no processo de incorporação, a princípio. Alguns anos atrás, as tradições e os conhecimentos eram passados por meio das entidades para os médiuns, de boca a boca, de geração em geração, e não havia "estudos" sobre as propriedades de cada estrutura utilizada pelas entidades para impulsionar o tratamento de alguém, por assim dizer. Como não existia um alicerce físico estruturado onde fosse possível se apoiar, todo o conteúdo era passado de uma forma praticamente direta do plano espiritual para o plano material, sem muito filtro do veículo que estava sendo utilizado. E isso explica o motivo principal por que os médiuns ficavam inconscientes no seu processo de incorporação. Precisava-se de uma comunicação sem ruídos mentais ou qualquer resistência psíquica do agente mediador, para que os conhecimentos que fossem transmitidos estivessem com a clareza e o potencial da origem das informações e conhecimentos.

Com o passar dos anos, muitos métodos foram sendo desenvolvidos e muito conteúdo passou a ser registrado pela escrita. Isso abriu uma oportunidade imensa para que a espiritualidade iniciasse um processo de transmissão de conhecimento para que também tivéssemos o que ela sabia no lado de lá. Basta observarmos quantos livros existem hoje com propriedades de ervas, pedras e cristais, florais e ritualísticas que foram desenvolvidas, dentre outros. Porém, para este momento estamos adentrando em um tempo e espaço acima somente de um conhecimento teórico ou prático externo. Estamos em um tempo e espaço de autodesenvolvimento e autoconhecimento. Já conseguimos ativar muito das propriedades que existem em nosso interior, e isso nos conduziu para este momento atual. Para esse momento mais profundo, temos uma janela imensa para manifestar todo esse conhecimento, não só adquirido, mas também despertado na humanidade por esse longo processo de ativação de percepções internas e sua materialização no plano físico. Estamos ganhando, o que, se assim poderia se dizer, uma maturidade espiritual ou até mesmo uma maioridade espiritual. Isso acontece pela necessidade que existe neste momento de termos mais consciência de todos os processos que ocorrem dentro de nós e, consequentemente, os motivos de alguns eventos em nossas vidas.

O que, afinal, queremos dizer com isso é que estamos em uma era de consciência. E ter consciência requer um nível de responsabilidade muito maior para tudo que fizermos, conosco ou com o outro, até mesmo com o planeta de uma forma integrada e totalizada. É uma era de assumir a responsabilidade por nossos pensamentos, emoções, atitudes e comportamentos, e todos os movimentos que isso proporciona criam a nossa realidade como ela está neste momento da nossa existência. Todos temos um papel importante nessa Nova Era, e cada um precisa assumir isso. Não inconscientemente, mas de uma forma mais clara e consciente, para que nossos corpos físicos, mentais e emocionais possam dar conta e estar aptos a absorver e processar as informações necessárias e adquiridas.

Se observarem a Umbanda, conseguirão perceber esse movimento que estamos enfatizando. Hoje se tem uma consciência mediúnica muito nítida e objetiva nos processos de incorporação durante as giras de atendimento e, até mesmo, nas giras de desenvolvimento. Atualmente, o médium é participante de forma integral durante os trabalhos, e precisa ter a percepção do que está transmitindo e como está fazendo isso. Se analisarem bem, as entidades estão demonstrando cada vez mais que o verdadeiro papel delas é fazer o intercâmbio dimensional para que, de alguma forma, o encarnado consiga transitar também nos diversos planos de maneira mais direta e concreta. Esse intercâmbio do qual falamos se trata da ampliação e da expansão da consciência do humano para a do Todo. Quando se está como humano, boa parte da percepção do Todo acaba ficando em um segundo plano, e isso acaba gerando rupturas na capacidade de trazer para o seu plano diário a transcendência da criação e de si mesmo. Ter consciência durante alguma manifestação mediúnica é muito mais do que apenas ativar conscientemente os processos e realizar as canalizações do que falamos. É, além disso, assumir a responsabilidade de suas ações perante o outro que se apresenta a sua frente, seja ele encarnado ou não. Sim, falamos independentemente de estar encarnado ou não, porque a única coisa que separa esses dois planos são as frequências vibracionais e os corpos que cada um possui em cada uma das dimensões em que se encontra. Fora isso, todos temos responsabilidades pelos atos e por tudo que transmitimos para os outros. E podemos estar diante de encarnados ou desencarnados durante um processo de manifestação mediúnica, isso se dará dependendo do âmbito que precisa ser atingido e trabalhado no momento.

Dentro deste contexto, enfatizamos a importância da clareza nas manifestações mediúnicas. Não poderá mais ser admitida falta de responsabilidade nos conteúdos ou orientações realizadas ou, simplesmente, colocar toda a carga para o plano da espiritualidade/entidades. Analisem o quanto as entidades transmitem de informações do plano de lá, quantas vezes orientam para que tomemos as rédeas de nossas próprias vidas. Assim como nós possuímos um campo evolutivo, essas entidades também possuem sua jornada no lado de lá. E podemos garantir que todas elas trabalham arduamente para ancorar todo o ensinamento e despertar necessário para que cada ser possa caminhar com suas próprias pernas e assumir seu destino. Como elas o fazem neste instante, muitos de nós, encarnados ou não, poderemos exercer um papel fundamental também na orientação e guia de outros que eventualmente estiverem em um momento mais inconsciente de sua existência. A pedra fundamental do plano espiritual é nos tornar capazes de criar e manifestar as esferas superiores, onde quer que cada um esteja. E para isso temos de assumir todos os movimentos que são necessários para esse despertar.

A Nova Era é um momento de se elevar a níveis que sua mente consciente ainda não foi capaz de perceber, mas que seus sentidos mais profundos já vêm anunciando há vários anos. É a era da consciência e responsabilidade. A era de assumir os dons de sermos filhos do Criador, herdeiros do Universo e tudo que nele existe. É a era de assumir sua verdadeira identidade, não só na sua família, estado e até mesmo planeta; é o momento de ir além do que imaginou e assumir sua verdadeira essência no cosmos. É o momento da era de SER, o que quer que isso ainda possa significar inicialmente. Assuma a si mesmo, para que assim seu universo também o assuma em suas verdades mais profundas.

Provavelmente, alguns podem questionar e até mesmo ficar curiosos e, quem sabe, até apreensivos por que enfatizamos tanto e repetimos continuamente as palavras consciência e responsabilidade. Quem sabe não podem tentar ir além dos conceitos que possuem e sentir o que essas expressões, de fato, dizem ao seu interior?

Como seria aceitar o convite que a espiritualidade faz a todos neste momento?

Como seria se permitir ir mais a fundo em seu interior e realizar não somente o que deseja ou até mesmo o que acha que deseja, mas também SER o que foi criado para se manifestar?

Como seria permitir que a consciência cósmica tomasse conta de seus dias e florescesse como um lindo jardim pleno de tudo de que necessita para os próximos passos?

Lembramos que esse está longe de ser o fim de qualquer passo ou movimento, tanto na Terra quanto nos outros planos dimensionais. A consciência é mais uma etapa dessa longa jornada universal de sermos emanações do Criador.

Como seria se permitir a fazer parte desse movimento e SER o que talvez jamais tenha imaginado, mas com toda certeza seu coração já sabe?

Estamos em um fluxo contínuo de oportunidades, em que podemos caminhar juntos e expandir e aumentar a continuidade de nossa própria existência, com uma perspectiva reformulada e com infinitas possibilidades.

Como seria refletir sobre esse movimento e, quem sabe, em algum momento, caminharmos juntos nessa nova onda consciencial?

Não desejamos que ninguém fique para trás. Aguardamos que você não somente escute, mas também sinta o chamado de sua essência mais profunda. Aqui estaremos, para juntos caminhar.

A Força do Coletivo

"Onde dois ou mais estiverem reunidos em meu nome, lá eu estarei!" (Mateus, 18:20)
Possivelmente você já escutou ou leu essa expressão em algum momento na sua vida. Mas já parou para analisar e perceber o que de fato ela nos ensina?

Poderíamos mencionar inúmeras explicações ou conceitos para trazer à mente qual de fato é, e onde se encontra a força da coletividade. Porém, inicialmente, acreditamos que vale uma reflexão bem simples e direta sobre a jornada da humanidade e as evoluções que foram realizadas em todas as eras. Analisem e tentem encontrar por meio de muitos que possam ter realizado feitos individuais, que acabaram influenciando tantos ao seu redor. Isso pode ser por pensamentos, ações, construções e tudo mais que possa ter sido realizado por cada pessoa dentro desse contexto que falamos.

Somos e fazemos parte neste momento de um universo em que a grande força para realizações e a expansão mais rápida estão nas interações uns com os outros, e em como nos relacionamos com nosso interior e tudo que existe ao redor. Precisamos ressaltar que em mundos de dualidade, como este onde nos encontramos neste momento, todo crescimento e iluminação ocorrem de forma individual. Cada um possui seu próprio caminho, em alguns momentos da jornada pode até dar alguns passos na solitude, porém, em algum momento poderá encontrar alguém que instigará um conhecimento novo ou olhar para um horizonte de uma forma diferente e, até mesmo, ampliar a sua visão sobre si e sobre o universo. Então, como negar que o coletivo pode nos trazer muitas coisas positivas e alguns desafios que, se superados de forma consciente e profunda, poderão acelerar e muito nossa capacidade de nos conectar com o Todo de maneira mais direta?

Existem inúmeras possibilidades que a espiritualidade tenta nos ensinar por eras e eras, muitas vezes nos esquecemos de alguns detalhes que no nosso dia a dia farão uma grande diferença. Em conjunto, em uma fusão completa ou até mesmo parcial de energias, podemos atingir níveis superiores de consciência que talvez sozinhos, neste plano humano, não conseguiríamos. Não quer dizer que não podemos movimentar e captar quantidades muito maiores de luz e informação, porém às vezes nossos corpos mentais e emocionais podem não estar preparados e com repertório suficiente para que possamos ter clareza e aproveitar o máximo do potencial de qualquer ferramenta energética.

Basta olhar, e para aqueles que tiverem a capacidade ativada de sentir, quando se encontram em um ambiente em que algumas pessoas estão vibrando em uma mesma frequência ou em ressonâncias semelhantes. Isso pode gerar uma sensação de bem-estar e muita satisfação, em virtude da conexão que é realizada quando se está diante desses fenômenos. Isso requer sim um nível de concentração individual e interno, o que muitas vezes pode até variar de pessoa para pessoa, também por uma questão emocional quando estiver fazendo determinada prática.

Pela grande mudança e por inúmeros outros motivos, no mundo inteiro estamos continuamente ouvindo a expressão "juntos somos mais fortes". Infelizmente é notório perceber que a maioria das pessoas ainda não conseguiu absorver o que realmente significa isso e a qual amplitude isso pode nos levar. São muito mais do que algumas palavras, colocadas uma na sequência da outra, ou até mesmo para trazer um conceito ou, ainda, um movimento social. Trata-se de uma chave que pode abrir várias portas, se utilizada de maneira assertiva e com a motivação mais profunda. Se associarmos essa percepção ao amor, não existirá absolutamente nada que não possamos realizar e atingir. Poderemos construir e reconstruir toda e qualquer forma interna e externa e equilibrar e harmonizar tudo do melhor modo para todos que estiverem dentro da mesma corrente e com o mesmo propósito de vida.

Em toda a jornada dentro da espiritualidade humana e até mesmo na universal, se conectada com os vários padrões que podemos ampliar, poderemos atingir uma iluminação pessoal e transmutar ambientes pequenos e de grande escala. Basta conectar nossos corações à energia do amor pleno e verdadeiro, e permitir que nosso interior faça o que for preciso. O exterior irá se mover a partir do que o interior emanar. A partir desse princípio, podemos nos conectar de uma forma direta a outros que estejam na mesma direção e sentido. Nesse instante, criamos grandes âncoras no plano humano para se estabelecer a energia criadora. Às vezes podem ser iniciados em pequenos grupos, que por seu empenho e dedicação podem se tornar grupos maiores e ir se ligando a outros pequenos ou grandes grupos. Então ocorre a formação de grandes egrégoras, que não ficam apenas no plano físico, mas adentram as esferas mais sutis e chamam a atenção de seres divinos da luz. Quando esses seres percebem e sentem esses movimentos, eles se conectam e se acoplam fazendo-se presentes de várias formas, para trazer conhecimentos e expandir mais ainda a luz e o amor desses grupos.

Nosso amado planeta Terra, também chamado de A Grande Mãe ou Gaia, dentre outros nomes, é uma consciência de pura luz que permite e atrai outras consciências para se ancorar e trazer as experiências da forma de vida como a conhecemos hoje. É uma grande consciência repleta de uma infinita egrégora de outras consciências que sentiram por ressonância a vibração do impulso universal do Projeto Terra (a experiência de viver e estar como humano), e se propuseram a fazer parte dessa grande construção e ampliação da força de vida nesta galáxia onde vivemos.

Quando falamos desse aspecto de Gaia, talvez possa ser um conceito novo para alguns esses acoplamentos de várias consciências, formando uma só, que pode ter várias faces ao mesmo tempo. Imaginem vários seres fundidos em um só corpo, vivendo a mesma experiência simultaneamente. Esses seres que aqui gentilmente chamamos de consciências não têm qualquer forma, cor, densidade ou expressões humanas, são apenas energias criadoras ávidas de experienciar mais uma das infinitas possibilidades do Amor de D EU S. Aqui também podemos ver como se aplica a verdade de que somos todos um e de que podemos ser uma consciência dentro de várias outras consciências. Somos a gota separada, mas também somos o oceano.

Essa é a força do coletivo que tentamos demonstrar para vocês dentro de uma perspectiva não humana e até mesmo não material. Para se aproximar dessa chave que estamos dizendo, imaginem-se em um grande local repleto de pessoas emanando a mesma energia ou expressões ressonantes. Uma música, por exemplo, carrega uma energia. Se várias pessoas cantarem a mesma música, ao mesmo tempo, em um ritmo e frequência parecidos, grandes portais da mesma energia poderão se abrir. Nesse momento, o coletivo se torna um, e o um é um coletivo repleto de consciências individuais. É claro que precisamos ressaltar que, quando ocorre essa conexão coletiva, as energias ali materializadas e manifestadas podem ser direcionadas para um bem maior de consciência e informação, mas o alerta é que essa mesma energia também pode ser utilizada para ludibriar e aprisionar seres de várias esferas da existência. Por isso sempre ressaltamos que as frequências precisam estar em comunhão com o propósito do Criador, o AMOR. Essa é a maior chave que podemos usar para toda e qualquer manifestação individual ou coletiva. E quando conseguimos atingir níveis muito maiores desse sentir e luz, outros seres das demais dimensões e universos podem sentir-se atraídas por tal manifestação e se apresentarem também para comungar com essa luz, conhecimento e amor. Por meio desse intercâmbio, podemos ter contato com outras realidades cósmicas, e com companheiros estelares e interdimensionais. Afinal, todos somos UM... Certo?

Observem a mensagem a seguir, de um trecho da música "Prece às Santas Almas" *(Sandro Luiz, maio/2021)*:

> *"Chame o bem*
> *Faça o bem*
> *Plante o bem*
> *Que o bem colherá*
> *[...]*
> *Reze também*
> *Diga Axé*
> *Fale Amém,*
> *Pois com D EU S abençoado estará!"*

Imaginem uma quantidade enorme de pessoas entoando e sentindo todas as frequências que a música nos traz, cantando e criando toda essa vibração com as palavras, movimentos do corpo, instrumentos, egrégoras espirituais e tudo que estiver envolvido no momento em que estivermos conectados a ela? No instante em que essa ressonância ocorre, um grande portal de luz se abre e comungamos todos juntos com essa energia. Seres do plano espiritual, elementais, plano humano, e tantos outros, emanando e sendo um só.

A humanidade ainda engatinha nas forças da representatividade do coletivo. As pessoas estão adormecidas e entorpecidas para questões mundanas (referente a questões do plano material), somente direcionadas para a materialidade e pontos físicos e, em algumas vezes, mentais. Muitos seres divinos já vieram para este plano nos mostrar o quanto um coletivo bem direcionado pode não só mover montanhas, mas também criar e elevá-las. Já aprendemos muito como humanos, mas esse sono milenar às vezes dificulta nossa percepção mais elevada sobre nós e sobre tudo o que existe. A força do coletivo pode acelerar o processo de evolução e, consequentemente, um adentrar na Nova Era mais vigoroso, aprendendo a caminhar de forma mais sutil pelas dimensões a que temos acesso.

Nesse movimento que hoje é chamado de Nova Era, essa força do coletivo está sendo cada vez mais testada e demonstrada, por isso ainda vemos vários conflitos e guerras, bélicas ou emocionais. Isso é enfatizar o que existe dentro de cada indivíduo e o quanto isso interfere nos seus relacionamentos, como família, trabalho e interações sociais. Vemos diversos grupos divididos ainda dentro dessa ilusão da separação. Muitos lutando uns contra os outros tentando provar a sua verdade pessoal, sem perceber que não se trata de uma verdade, e sim apenas de uma perspectiva que alimenta a separação na esfera material. Observem o que está ocorrendo no mundo neste momento, quantas tentativas de encontrar verdades absolutas para conduzir as pessoas aos seus desequilíbrios, e com isso até distanciá-las de sua autonomia e das escolhas em sua vida. Porém, a resistência ao amor, imposta por outras tantas inconsciências e pelo medo de se permitir, é muito forte e permeia vários centros de manifestação interna e externa. Observem quantas separações e afastamentos aconteceram nas suas vidas nos últimos meses e anos. Sabemos o quanto os ciclos da vida nos trazem isso de forma prática e dinâmica, porém se analisarem mais a fundo seus relacionamentos, poderão perceber quantas mudanças ocorreram em um curto intervalo de tempo. E isso será ainda mais forte nesse movimento da Nova Era. Quem não estiver em ressonância, naturalmente, irá se desvincular de lugares e pessoas, dirigindo-se para outros pontos da vida. Com esse movimento, outros tantos irão ser atraídos, e também se sentirão atraídos a novas conexões e interações.

Precisamos seguir nosso coração, pois dentro dele está o grande despertar e o conteúdo necessário para que as chaves sejam ativadas e possamos manifestar, em todas as áreas da vida, a verdadeira essência. Ressaltamos aqui que, neste momento das conexões, não será algo hierarquizado, em que um manda e os outros obedecem. Naturalmente poderão existir alguns que estarão na função de orientadores e facilitadores da jornada. Esses terão uma responsabilidade muito maior no início, e serão muito mais testados e tentados por todos os lados para que se cumpra o reino dos céus na Terra. E o Amor deverá ser o seu guia e motor principal, para todos os dias de sua vida. Isso não quer dizer que não poderão errar nem tropeçar no meio do caminho. O que diferenciará essas pessoas será exatamente seu empenho em se autorreconhecer e perceber que erraram e, novamente, se levantar e continuar a caminhada. O denso plano da fisicalidade ainda se encontra muito traiçoeiro, por isso quanto mais Amor, maior será o despertar e a expansão da consciência.

    Enfatizamos esse ponto para que ninguém siga a ninguém nesta caminhada evolutiva de forma ignorante, sem assumir sua verdadeira responsabilidade perante a evolução, perante a sua própria evolução e despertar. Somente o nosso interior poderá nos conduzir a estar no local e com as pessoas que precisamos estar para que essas ativações sejam completas. O coração, apenas o nosso coração, será o guia nessa empreitada.

    A espiritualidade nos ensina e vem nos demonstrando muito a cada dia, que não se trata de um acima e outro abaixo, mas todos lado a lado. Sem melhor nem pior, sem certo ou errado, nem bem e mal, bom ou ruim... Trata-se de escolhas de vivências para ampliar no existir e nas experiências. Todos os seres, nas diversas dimensões, possuem funções específicas que podem ser trocadas de tempos em tempos para se tornarem seres mais completos e despertos. Os seres espirituais vêm nos falando e cobrando muito essa responsabilidade do que pensamos, sentimos e fazemos. Isso tudo é para nos preparar para este momento de despertar, no qual precisaremos assumir cada vez mais as responsabilidades por todos os nossos movimentos. Lembrem-se; um ao lado do outro, com responsabilidades diferentes e cada uma se relacionando diretamente com a outra, para assim formar um organismo forte, consciente, harmonizado e totalmente equilibrado; explorando mais e mais os potenciais de cada dimensão e de cada corpo em que estivermos em cada uma delas.

    A força do coletivo está totalmente ligada não à quantidade, mas à qualidade do nosso EU mais profundo e sincero. Imaginemos um grupo de Budas, Cristos, Shivas e outros tantos avatares... Imaginemos que cada um de nós, mesmo aqui neste plano terrestre, pode representar de forma direta essas frequências. Imaginemos como seria um grupo formado dessas energias e corações ativos e plenos de Amor divino do Criador. Imaginemos que cada um de nós, conectados com a mais profunda centelha de nosso existir, possa se mover dentro de tudo isso e ser um canal direto de tudo o que existe.

Podemos dizer com toda certeza que isso não se trata de uma utopia nem de algo platônico, mas de uma realidade totalmente presente e oferecida para todos que estiverem desejosos neste instante. Para que isso possa se concretizar, como seria imaginar você aceitando, respeitando e permitindo seu ser mais luminoso tomar as rédeas de sua vida neste instante? Como seria imaginar isso ocorrendo, neste instante... sim, exatamente neste instante... no instante em que lê e sente estas palavras? Seu coração pode se abrir e os seres de luz que puderem se apresentar estarão neste momento ao seu lado. Isso mesmo, como seria imaginar isso ocorrendo, AGORA MESMO, dentro de você, expandido-se para tudo e todos que seu coração puder alcançar, e até onde for necessário. Sim, isso mesmo, cada célula de um coletivo, de mãos dadas, abraçada... Como seria convidar e aceitar esse convite, como um longo e amoroso abraço em tudo e todos? Como seria sentir isso, dentro de seu coração e com o coração de D EU S?

Será que seríamos capazes de imaginar e vivenciar tudo isso?

Será que conseguiríamos abraçar o planeta e até ir além dele?

Esse é apenas um degrau dos muitos a serem apresentados nessa força individual manifestada no coletivo que estamos tentando demonstrar. Não importa neste momento quantos degraus ainda faltarão ou, até mesmo, quanto tempo isso irá demorar. Basta apenas estar presente, se apresentar a si mesmo e sentir o movimento que é gerado dentro de nós.

O coletivo é a expressão de cada centelha existente manifestada neste planeta, do que se vê, do que se ouve e muito mais ainda do que se sente. Pois o coletivo é o indivíduo, assim como o indivíduo é o coletivo. Sinta e permita que sua função no todo se apresente, para que sua força aumente o seu coletivo, que irá aumentar sua força interior, para ser exatamente o que você já É.

A Importância da Presença no Momento Presente

No nosso dia a dia, quantas vezes não conseguimos estar de fato onde estamos? Várias vezes, estamos em alguma atividade ou local e nossa mente parece estar em outro. Vejamos um exemplo comum que pode ocorrer: quando estamos no trabalho, algumas vezes podemos ficar pensando em situações que ocorreram em casa ou até mesmo em afazeres domésticos. Quando chegamos a nossa casa, nos conectamos com preocupações de entregas no trabalho, de estresses que foram gerados, etc.

Observando esse cenário, na maioria das vezes não conseguimos estar de fato conectados com o aqui e agora. E se pararmos para uma reflexão mais profunda, veremos que isso nos desloca para um outro tempo e espaço, que nos desconecta de nós mesmos e até das pessoas e das atividades que estamos exercendo. Olhando de uma perspectiva energética e espiritual, sua energia nunca estará totalmente onde está, agindo dessa forma. E isso acaba criando rupturas em nossa percepção interna e externa, faz com que tenhamos um deslocamento no tempo, e nossa energia não consegue fluir de forma íntegra e completa nessas situações.

Olhando dentro da Umbanda, podemos ver um exemplo claro disso no momento das giras. Os guias pedem constantemente que as pessoas estejam de corpo e mente presentes, para que estejam conectadas com a energia e, consequentemente, com os movimentos que ela pode nos trazer. No momento de uma incorporação, se o médium não estiver conectado com tudo que estiver acontecendo no andamento da gira – com o direcionamento do guia que está conduzindo os trabalhos, com o toque do atabaque e os pontos cantados que os ogãs trazem para movimentar e preparar a energia do terreiro, por exemplo – será que ele consegue manifestar a entidade de uma forma sadia e harmonizada? Isso tem uma conexão direta com o que mencionamos sobre a importância da presença no presente.

Quantas vezes nos deparamos conectados a situações do passado, remoendo e revivendo situações e sentimentos? Ficar nessa frequência só fará com que nosso interior se conecte mais ainda com aquele momento específico da vida, o que não trará benfeitoria alguma para nossos corpos. Ficar dentro desse padrão do passado ativa a relação de apego com as pessoas, com as situações, com a energia dos fatos ocorridos. Nesse momento, nosso cérebro, por um padrão de condicionamento que acabamos criando, acaba por certa maneira trazendo tudo o que estava naquele instantes para o presente. Nesse sentido, acabamos vivenciando esses fatos juntamente ao momento atual, e isso sobrecarrega nosso sistema como um todo. Temos ainda um outro ponto referente a isso, que é se perder internamente, o que acarreta um aprisionamento em algum momento de sua vida. Na maioria das vezes, esse processo não é consciente, pois nos perdemos em nossa percepção mais profunda e não conseguimos ir além de somente sentir todo um padrão de recondicionamento, reformulando-se e se retroalimentando por meio das emoções que foram reativadas. Trabalhar o desapego do que já se foi, nesta vida ou em outras, neste plano ou em outros, é uma das fases também que podemos mencionar como parte do desenvolvimento espiritual. Não podemos voltar ao passado para resolver absolutamente nada, o que aconteceu está marcado na existência, e isso não se apaga. A questão de fato nem é mesmo apagar o que já se foi, é desconectar e ressignificar o que quer que tenha acontecido. Estar no passado pode gerar comportamentos depressivos e, após certo período, vivendo nessa frequência, acabamos gerando uma depressão que pode se tornar crônica e de uma reversão mais complicada. Nesse sentido, o que trazemos é que o se deslocar e viver no passado podem impulsionar emoções como melancolia, angústias, mágoas, raivas e irritações, além de sentimentos com vibrações semelhantes a essas. Nesse momento, os corpos vão se desintegrando das alegrias e o que surge é apenas uma amargura enorme sem perspectivas nem expectativas, que nada é bom ou possa melhorar. Observe se está preso em algum ressentimento de sua vida, sinta isso. Agradeça, perdoe e aos poucos se direcione para o aqui e agora. O que já passou agora faz parte da história, da nossa história individual e coletiva. Aqui o que vale é somente usar o que se aprendeu, ou não, dessa experiência. E todo restante fica apenas como uma lembrança, que pode até ter sido amarga, mas que já está em outro tempo e espaço.

Outro ângulo do que estamos expondo agora é o oposto de ressentir alguma parte de sua vida. É se deslocar para o futuro, é viver no amanhã ou qualquer lugar do depois deste instante. Quantas vezes nos deparamos com o futuro, projetando situações e, até mesmo, sofrendo por possibilidades que eventualmente podem nem mesmo acontecer? Deslocamo-nos para essa ideia de futuro que temos, e o vivemos com tal intensidade que da mesma forma que explicamos o mecanismo anteriormente, ocorre também aqui. Seu cérebro irá entender que isso é uma realidade e acaba vivendo como se essa projeção fosse real. Direcionamo-nos sempre para um futuro melhor, na tentativa de às vezes fugir ou até mesmo de se desligar das dores e dos acontecimentos de que não estamos dando conta neste momento presente. Mas quando fazemos isso, também criamos uma fenda dentro de nós, e isso nos coloca em uma posição que pode gerar inúmeros padrões de ansiedade, falta de paciência, insegurança e sentimentos correlatos. Analisemos quantas pessoas hoje em dia vemos e até mesmo nós passamos por algumas crises de ansiedade, que são tão intensas que muitas vezes precisamos ir ao médico para receber um auxílio mais emergencial clínico, porque não estamos dando conta dos efeitos físicos de nossas emoções. Eis o tempo e a nossa relação conturbada com ele aparecendo novamente. Em uma outra situação, quantas vezes ainda não percebendo nem sabendo sobre essa ansiedade, as pessoas acabam buscando uma ajuda nas entidades dentro de um terreiro? Os guias nos passam algumas orientações para amenizar os efeitos imediatos e, quando necessário, orientam também a busca de auxílio médico. Uma reflexão é válida neste instante: conseguimos nos deslocar no futuro e semear algo no amanhã para colher no depois de amanhã? Se olharmos de uma outra forma, será que esse amanhã de fato é real? Quando dizemos boa noite, até amanhã, quando acordamos, ele se torna o hoje, certo? Então onde de fato podemos realizar algum movimento? Estar no futuro também cria uma realidade paralela em nossos corpos e nos dificulta a estar inteiros e com a energia de que precisamos para fazer o que de fato precisamos ou, quem sabe, até para cumprir nosso propósito existencial.

Falar do tempo é sempre algo delicado e extremamente perturbador em algumas ocasiões. O tempo e o espaço, como percebemos neste plano material, são basicamente só aqui que existe, ou em outros locais um pouco semelhantes, mas fiquemos só com aqui por enquanto. É muito comum ouvir das pessoas nos últimos anos o quanto o tempo está passando mais rápido, o quanto um dia, um mês, um ano estão voando e nem estamos percebendo. Será que de fato se trata do tempo ou de como nós estamos nos relacionando com ele neste momento? O tempo em si é apenas o tempo e sempre será o tempo, onde e quando estivermos. O que talvez seja o diferencial é a nossa relação e como interagimos com ele, de acordo com o corpo e a dimensão em que nos encontramos. Mas o tempo em si, é apenas uma variável que foi desenvolvida no plano material para criar uma sensação de linearidade espacial e temporal, o que universalmente falando é inexistente.

Partindo dessa premissa, voltamos a sua atenção para o momento que de fato está lendo estas palavras. Isso é o real, neste instante. A realidade nada mais é que a expressão de onde estamos, no momento em que estamos. O estar presente é um fator muito difícil para a nossa sociedade como um todo. Dentro dos moldes que acabamos desenvolvendo no decorrer das eras, e da forma que utilizamos a evolução tecnológica, acabamos sempre nos deslocando para qualquer outro local, menos no momento presente: sentir e participar do aqui e agora, perceber a transcendência, e permitir que todas as possibilidades para este momento sejam ativadas e manifestadas. Sabemos que o tempo e o espaço em si são apenas ilusões, e isso ainda se torna um pouco complexo para mentes muito lineares e que são alimentadas constantemente para tudo isso. Mas eis a força do universo: tudo de que precisa e necessita para cumprir aquilo a que foi enviado está no aqui e agora, dentro de cada um de nós. Basta acessarmos isso e ativar praticamente sua materialização no tempo certo, seguindo nosso merecimento. Mas para isso temos de ter um nível de presença adequado, do contrário, aumentamos fendas nos corpos mais densos e perdemos a noção da realidade em que estamos vivendo. Até podemos e fazemos isso, às vezes conscientemente outras nem tanto, e acessamos outras realidades. Mas no momento em que voltamos, precisamos ativar essa presença no eterno e infinito aqui e agora, senão perdemos até mesmo a noção de quem somos neste presente.

Olhando um exemplo que talvez muitos de nós, ou praticamente quase todos por assim dizer, passamos neste instante por causa da situação da pandemia de proporção global: quantas pessoas estão vivendo a angústia de perder o emprego, de perder um ente querido, uma falta de expectativa e perspectiva de quando e como as coisas irão melhorar e se reequilibrar? Isso gera um grande conflito entre nossos pensamentos e emoções, até mesmo questões que irão ter um resultado no corpo físico. Neste momento, podemos criar uma realidade paralela e começar a viver nela, a tal ponto que ela pode se tornar uma realidade absoluta. Nessa desconexão do momento presente, projetamos e começamos a viver nessa projeção e isso nos causa muita instabilidade em todos os níveis. Esses movimentos nos trazem medo de viver e muita ansiedade.

Podemos ver hoje em dia o quanto as pessoas estão buscando auxílio de saúde mental/emocional. Isso é resultado de todos os processos que mencionamos anteriormente, porém estamos em proporções de tão grande escala que a mídia e todos os locais, que nunca falaram sobre o assunto, estão destacando a importância de um processo terapêutico, por exemplo. Vemos consultórios de psiquiatria lotados, clínicas de psicoterapias com filas de espera, e uma procura por terapias complementares e alternativas. Ainda agimos como em reação aos desequilíbrios, não como em prevenção, o que deveria ser ideal. Isso porque ainda vemos pessoas que possuem receio e até preconceito em falar que está em um processo de tratamento de saúde mental/emocional. Muitos ainda têm vergonha de admitir que precisam de ajuda, e mesmo dentro desse cenário escondem até de si mesmos essa necessidade. Estamos em uma era de encontrar um equilíbrio, e isso passa por todas as esferas de nossas vidas.

Não imaginem que isso também não ocorre dentro de um terreiro de Umbanda, por exemplo. Quantas pessoas, ainda movidas por um desespero e ansiedades descontroladas, procuram esse acalanto nos guias. O curioso é que, da mesma forma que mencionamos que ocorre no processo terapêutico, também podemos ver nessa busca na espiritualidade. Temos muitas pessoas que frequentam as giras e ainda têm medo de expressar e demonstrar isso. Essas pessoas possuem uma resistência em admitir o que faz sentido e o que faz bem para elas, na maioria das vezes por pontos de julgamentos dos outros e o que irão falar se souberem onde estão indo e por quê. E por menos que pareça, isso também pode ativar e alimentar mais ainda ansiedades e projeções, o que irá nos desconectar da energia dos guias dentro do terreiro, com isso não conseguiremos utilizar o máximo do potencial que esse momento poderia nos trazer. Mas, se olharmos bem fundo em todos esses exemplos que trazemos aqui, eles nos impulsionam aos nossos próprios medos internos e ao nosso autojulgamento. E esse é um dos movimentos que mais nos dificultam a estar no presente e sentir nossa própria presença.

Os grandes mestres da sabedoria oriental já diziam há milhares de anos sobre o poder da presença e da força do momento presente. Se queremos colher em algum momento algo, precisamos semear, e isso acontece no presente. O resultado ou consequência dessa presença é o que podemos chamar de amanhã. Esse amanhã é apenas uma percepção desse movimento que fazemos no momento presente. Muitas técnicas foram criadas no decorrer das eras para auxiliar os humanos a lidar com essa relação com o tempo, mas conectados com o excesso de dinamismo das nossas sociedades atuais não conseguimos fazer mais essa reconexão com nosso interior e, consequentemente, com tudo que existe ao redor. Talvez esses ensinamentos tenham surgido em algum momento com a intenção de que pudéssemos utilizá-los para este instante que vivemos nesta Nova Era, essa oportunidade que está nos sendo doada pela espiritualidade e pelos grandes seres de luz que regem este universo.

Falamos disso e gostaríamos de ressaltar que a vida, o viver a vida e a manifestação do existir sempre aconteceram e acontecerão no aqui e no agora, e isso independentemente do tempo e espaço onde estamos inseridos. Ter essa clareza nos auxilia a aliviar tensões e inúmeras emoções que nos prendem, bem como dificultam nosso processo de desenvolvimento e ampliação de dons ou capacidades espirituais e energéticas. Reflita sobre isso, e tente apenas respirar e observar o que sente. Faça uns cinco minutos de respiração suave e tranquila, e veja como seu corpo reage, sinta o que seu físico lhe mostra, sinta quais as emoções que acabam emergindo, os pensamentos que se apresentam. E diga para si mesmo: "EU SOU O QUE EU SOU, E ESTOU PRESENTE NO AQUI E NO AGORA!"

Fazer isso é muito mais que apenas repetir uma expressão. É abrir as portas de acesso aos seus sentidos mais profundos. Com esse movimento, aumentamos a nossa frequência vibratória e podemos nos conectar com energias mais sutis e elevadas, para a manifestação delas em nossas vidas e ao nosso redor. Paramos de projetar futuros e nos ressentir do passado, e isso faz com que a expansão de sua consciência comece a se movimentar no instante que dá atenção a si mesmo. Esse exercício auxilia para minimizar perda de energia com desconexões da realidade e nos traz para uma vivência mais profunda e plena, seja lá o que estivermos vivenciando. Precisamos ressaltar que essa perda de energia que mencionamos aqui terá um efeito direto no corpo físico, em padrões de pensamento, sentimentos conturbados e até em desequilíbrios energéticos e espirituais.

Esse novo tempo e novo espaço já existem em cada um de nós que está passando por essa experiência de transição planetária. Como seria aceitar esse convite para adentrar nesse movimento dentro de seu próprio coração e permitir que sua mente perceba coisas inimagináveis?

Como seria ir além desse tempo e espaço, mas sem sair do momento presente?

Não estamos negligenciando o planejamento de vida, realizações de desejos, organizações para concretizar e manifestar seus objetivos. Existe uma diferença bem mínima entre esses pontos e o que mencionamos sobre o estar no presente. A reflexão é para que consiga perceber que para toda essa colheita no amanhã, todo o semear deve ser feito no hoje, respeitando seu ritmo e o momento adequado para cada situação. Afinal, antes de querer semear algo, precisamos ter clareza de qual é nosso desejo real, saber o que queremos. E para isso, com certeza precisamos de um tempo para criar todo esse percurso em nossos pensamentos ou o que gostamos de chamar de plano das ideias, para que a cada passo possamos ir estruturando mais e mais consciente nossa caminhada.

Podemos fazer tudo o que desejamos e precisamos, estando exatamente onde estamos agora, neste mesmo instante em que está acontecendo a leitura destes escritos. Basta aceitar e permitir. Muito mais que estar no presente, seja o próprio momento presente em si, sinta esses movimentos e descubra que tudo que já foi, ou será, já é neste exato suspiro.

Sentir

Nós vivemos em uma sociedade e cultura em que o pensamento racional, concreto e objetivo é sempre cada vez mais instigado a evoluir e desenvolver. É claro que a questão mental tem uma importância muito grande dentro da estrutura humana e das relações que vivemos no plano material. Mas não somos seres somente mentais, pelo contrário, somos também irrigados de centros emocionais por todo o corpo. E esses centros de percepção emocional são tão importantes como nosso corpo físico e toda sua biologia e bioquímica, quanto as questões impulsionadas e criadas pelos nossos pensamentos. Porém, o que às vezes negligenciamos é a força que o sentir possui, até mesmo nas realizações e nas manifestações em nosso dia a dia.

Atualmente, existem inúmeros estudos que demonstram o quanto o campo emocional interfere em todas as áreas da vida, até mesmo na ativação de algumas doenças no corpo físico. Não queremos abordar nem aprofundar essa relação neste momento, o que gostaríamos é que observassem mais o quanto o sentir humano tem uma importância ímpar em todo o processo de evolução, ainda mais neste novo circuito energético em que estamos entrando.

Quantas vezes podemos ter escutado algo de alguém que gerou uma sensação contraditória e às vezes, em momentos seguintes, percebemos que não era bem verdade o que estava sendo dito? Esse é apenas um exemplo do que o sentir pode nos trazer de informação e percepção sobre a interação e a relação que estamos criando com outra pessoa. Podemos falar algo, porém nesse momento estamos transmitindo sensações, emoções, e o sentir tem uma função determinante para a compreensão e a percepção direta e clara de uma mensagem. Se falamos algo e sentimos outra coisa, algo conflituoso é gerado dentro de nós e isso, consequentemente, irá impulsionar algo diferente para o outro. Nesse exemplo, podemos até inferir que "ao mentir" para alguém, na verdade, mentimos para nós mesmos e não para o outro. E isso naturalmente irá em algum momento gerar determinado tipo de conflito interno. A questão não se trata somente do conflito em si, mas também das ramificações que esse conflito irá criar dentro de nós e ao nosso redor. Ou seja, o que fazemos com esse conflito será determinante para muita coisa em praticamente todas as situações.

Queremos demonstrar com o exemplo anterior que o campo do sentir tem uma força e um resultado enorme, até mesmo em questões energéticas e espirituais. Precisamos compreender o que estamos sentindo, e analisar em que momento e como isso foi ativado dentro de nós. Lembrem-se: se EU estou sentindo algo, isso foi gerado dentro de mim e por mim, portanto, EU sou o responsável por ativar ou desativar, aumentar ou diminuir a frequência e a emanação de determinado sentir ou padrão de energia. Quando falamos de emanação de energia ou canalização de energias, sejam elas quais forem, aqui dizemos que esse movimento acontece exatamente pelo sentir que se tem no momento dessa emanação em questão. Imaginem que estão com raiva ou irritados com algo e comecem a ter de emanar energia de cura, por exemplo, sem lidar com o seu sentir anterior. Que tipo de emanação será projetada? Como emanar amor se naquele momento se está com raiva ou irritado?

É aqui muitas vezes que temos algumas atitudes e comportamentos que, sem perceber, acabam nos prejudicando e até mesmo os outros, dependendo da situação (só colocamos uma ressalva em relação a prejudicar os outros, porque isso dependerá da sintonia e da percepção em que o outro estiver no momento. Se estiver em equilíbrio, raramente qualquer emanação irá atingi-lo). Somos ensinados a não sentir e até mesmo não querer sentir o que julgamos como sentimentos "ruins", mas aqui vale uma reflexão: se perceber que já está sentindo raiva, como não sentir a raiva que já está sentido?

Logicamente não faria sentido, pois se a raiva já está ativa dentro de você, a questão é trabalhar essa raiva, e não brigar com ela. Afinal, se entrar em conflito com a raiva, a tendência é que ela aumente cada vez mais. Então, assim como todo e qualquer princípio que nos envolve na vida e no corpo humano que habitamos, tudo tem um propósito, uma experiência e vivência. E por que não, nesse momento, aceitar e respeitar a sua raiva? Silenciar, na medida do possível, e tentar perceber o que essa raiva está mostrando no momento em que ela está ativa?

Dentro do corpo humano, estamos sujeitos a inúmeros padrões de emoções que irrigam constantemente nosso dia e nossas relações, internas e externas. Então, como seria em vez de brigar com aquela parcela sua que está se mostrando naquele momento poder aceitar, respeitar, o que seus corpos estão tentando lhe mostrar? Temos de ressaltar aqui que estamos em um plano de dualidade, e isso quer dizer que estamos constantemente recheados de padrões de vários polos diferentes, às vezes sentimos vários deles ao mesmo tempo. Portanto, quem disse que emoções são boas ou ruins? São apenas reações que temos de acordo com a experiência que estamos vivendo, no momento em que estamos interagindo com determinada frequência. Para amenizar e transmutar toda e qualquer sensação ou sentir de baixa frequência (se assim podemos dizer), temos de respeitar e permitir sentir o que ela tem a nos mostrar e até mesmo ensinar, quem sabe até nos chamar a atenção para algo que está acontecendo dentro de nós e de que não estamos nos dando conta. É nesse momento que só pensar não é o bastante, precisamos sentir e interagir com esse sentimento, para que aí sim ele siga o caminho.

Para ficar mais claro o que queremos demonstrar, imaginem uma dor. Nesse caso, uma dor física, inclusive. Será que ela é verdadeiramente ruim? Ou será que ela está nos chamando atenção para algo que não está muito bem em nosso corpo físico? Se a dor não surge, não sinaliza que algo está acontecendo em alguma região, será que vamos dar mais atenção à parte do nosso corpo que eventualmente possa estar adoentada ou adoecendo? Faça essa reflexão e tente compreender qual o verdadeiro papel do que mencionamos do sentir nesse caso.

Não é diferente quando falamos das emoções. A questão é que por ser algo mais subjetivo e mais difícil de compreender, nós temos a tendência a não dar atenção para o que nosso sentir está nos dizendo. Principalmente no Ocidente, onde vivemos, a cultura do externo e do racional, até mesmo pelo consumismo, foi algo muito desenvolvido. Porém, estamos adentrando em uma era em que o sentir será a base de toda nossa criação e nosso desenvolvimento. O sentir será a forma de manifestação e realização dos nossos desejos para até mesmo cumprir o que podemos chamar de "missão".

No mundo humano, quando encarnamos, infelizmente, não chegamos com um manual de instrução, nem com um guia do que é nossa missão e de como cumprir o que foi estabelecido. E a grande porta de acesso a isso é o silenciar interna e externamente, e perceber o sentir mais profundo que sua essência lhe instiga. É por meio desse sentir que podemos ter ideia se estamos no caminho certo, se estamos sendo quem somos, se fazemos o que nos faz bem e, até mesmo, como nosso físico reage e nos mostra como está nossa relação com nós mesmos. O sentir no mundo humano, podemos dizer, tem função de um guia ou um farol que nos direciona para o melhor caminho a ser trilhado. Claro, temos de lembrar que não se tem melhor ou pior caminho, porém há aqueles em que teremos mais dificuldades ou aqueles que serão mais suaves. Isso não quer dizer que deixará de ter desafios, mas seguindo seu sentir e tendo consciência deles, e não entrando em conflito com eles, já que faz parte de você, os desafios poderão ser de mais aprendizado e, eventualmente, até amenizar alguns sofrimentos que poderiam existir no caminho.

A Nova Era nos permite uma possibilidade de ir muito além em nosso próprio sentir. Traz-nos uma oportunidade de elevar nossos sentidos, mais do que isso, ser mais o que somos e respeitar mais o que existe dentro de nós, seja lá o que isso signifique individualmente falando.

Percebam seu sentir, respeitem e aceitem o que estão sentindo. Quem sabe até pare! Pergunte para esse sentir o que ele está sinalizando, e se permita a experiência de que ele mostre o que precisa mostrar, o que de forma consciente ou não foi ativado dentro de você. Lembre-se sempre: como não sentir algo que já está sentindo? Reflita sobre isso!

Esse sentir, provavelmente, faz parte desta nossa vivência humana. Talvez faça parte deste aprendizado que viemos buscar para estas vidas, neste plano. E se assim for, como seria ficarmos curiosos o suficiente para adentrar nesse campo e transcender o sentir que conhecemos, ou achamos que conhecemos? Como seria até mesmo imaginar transcender tudo que se criou, e ir além do sentir que habita em você, aqui e agora?

Para sentir algo mais elevado, talvez tenhamos de perceber e sentir os nossos sentidos atuais, para que assim possamos ter um repertório mais consciente. Imaginem os seres de outras dimensões por exemplo, será que o sentir deles é como o nosso? Será que eles percebem da mesma forma com os corpos que possuem? Será que o modo como interagem e se relacionam com esse sentir é o mesmo que os nossos, estando como humanos?

Colocamos que não há melhor ou pior na relação de experiências universais, estamos apenas em um degrau da percepção desse sentir. Ou seja, será que para ir adiante não temos de aprender a conviver e respeitar esses sentidos?

O que acha? Faz sentido?

Apenas sinta...

A Importância do Sentir na Umbanda

Para nos aprofundar no que mencionamos anteriormente sobre o sentir, queremos trazer o que está ocorrendo dentro do próprio terreiro Tupinambá e Sultão das Matas faz alguns anos. Desde 2018, o Caboclo Ubirajara em algum momento pedia uma pausa na gira para explicar e passar alguns ensinamentos. Por muitas vezes, ele dizia que não haveria incorporação e pedia para os ogãs tocarem e cantarem continuamente. Ele nos pedia para sentir a vibração e a energia que era emanada pelos pontos. Sentir... Sentir... Sentir... Isso era o que ele repetia constantemente. Por muitas vezes, talvez as pessoas não compreendiam o porquê dessas orientações. Ele dizia que a última etapa de desenvolvimento de um médium era a incorporação, e que antes dessa fase seria necessária uma conexão maior e mais consciente com a vibração dos Orixás e das entidades. E se tocava, ouvia, cantava, até dançava na gira, mas ele sempre pedia firmeza nos pensamentos e concentração no que se podia sentir naquele momento. Tudo que ele repetia e cobrava era para sentir e estar cada vez mais presente e conectado na sintonia que estava sendo gerada, de forma consciente. Com isso, podemos perceber o quanto ele já estava nos ensinando a importância desse "SENTIR" que estamos mencionando aqui. Não se trata só de algo que vem de nossa percepção material, mas os guias também estão pedindo nossa atenção para todo esse movimento. A firmeza com que eles nos pedem está totalmente direcionada ao adentrar na sintonização por meio dos nossos corpos – físico, mental, emocional e espiritual. Por isso, sentimos que falar dessa forma é algo importantíssimo para exemplificar o quanto as sensações são determinantes para as conexões conscientes com padrões mais elevados.

Mas, afinal, o que de fato significa esse SENTIR de que o Caboclo Ubirajara tanto fala?

Antes de responder ou pelo menos trazer algumas percepções sobre esse questionamento, gostaríamos de provocar algumas outras: como vamos emanar amor, sem antes sentir esse amor? Como emanar verdade, sem antes sentir essa verdade? Como emanar conforto e carinho, sem antes sentir isso dentro de nós? Como ser ou expressar a paz, sem antes conseguir sentir e experienciar essa paz por intermédio de todos os nossos corpos?

Essas perguntas são necessárias para perceber o que o Caboclo Ubirajara está trabalhando conosco dentro das giras no terreiro. Vamos trazer a nossa percepção a respeito disso com alguns exemplos claros e diretos de como isso ocorre no processo diário de uma sintonização de um líder da Umbanda, por exemplo. Uma manifestação de um pai/mãe (sacerdote/sacerdotisa) de Umbanda nada mais é do que de fato conseguir se conectar com esse sentir que é gerado dentro do terreiro, ancorar essas frequências e emaná-las para os médiuns que frequentam a casa espiritual, para a assistência e, acima de tudo, para a comunidade e sociedade em geral onde vive e com todos que se conectarem. É ser um exemplo do seu próprio sentir de como manifestar essa realidade e ser um agente do sentir no plano material da manifestação da espiritualidade. Vamos trazer como isso ocorre, na nossa visão, dentro de alguns exemplos práticos.

Olhando para a representação de mamãe Oxum: na nossa visão ela é o símbolo maior do sentido do amor. Quando estamos sintonizados verdadeiramente com essa vibração, temos vontade de abraçar a todos, de querer que todos estejam bem em todos os sentidos e, principalmente, no campo emocional. É uma sensação de um amor que conforta, que motiva e nos impulsiona a ir adiante, é um amor que cura nossas dores e as feridas da alma e do coração. Porém, só vamos conseguir expressar tudo isso quando sentirmos o amor em todas as nossas células, quando vibrarmos do mais profundo de nossos corações. O que a espiritualidade nos ensina e nos pede é para que possamos aprender que não é só dentro da casa espiritual que podemos fazer e sentir essa energia. Imaginem uma situação de desequilíbrio em que sentimos a necessidade de um amor que conforta e acalanta. Se já tivermos percebido isso em algum momento, podemos usar esse amor de Oxum para todas as circunstâncias de nossas vidas em que estivermos nesse ponto de referência. É transcender essa sintonia do terreiro para todos os lugares onde estivermos, é ser o terreiro em movimento dentro de nossos corações, por pensamentos, palavras e atitudes. É sentindo esse amor, vibrando nele o amor que podemos ser o amor manifestado em nossas vidas.

Nossa caminhada não precisa ser exaustiva nem desgastante, muito menos com sofrimentos, nem gerando sofrer ao nosso redor. Temos Oxóssi como um exemplo de como usar a destreza e a agilidade de um caçador consciente e pleno para não se perder nem se exaurir nos caminhos da vida. Ele nos mostra a disciplina, a importância do estudo e do conhecimento. Por meio desse aprendizado constante e pleno, ele prepara e organiza conscientemente todos os passos necessários para atingir um objetivo estabelecido, e sem gastar tempo e energia à toa com distrações nem dúvidas que nosso processo mental pode trazer. Por ele ser o Orixá que representa o conhecimento, Oxóssi analisa tudo que precisa ser feito em todos os sentidos, para termos eficiência e assertividade em tudo o que nos propormos a realizar. Imaginem que seja necessário manifestar uma energia de fartura, Oxóssi nos instiga a sintonizar com o que for preciso para conseguirmos conquistar essa sobrevivência, tanto para nós quanto para a família ou até mesmo o grupo social em que, eventualmente, estivermos inseridos. Sentindo essa energia, podemos entrar na frequência exata para conseguir organizar e planejar melhor as atividades e, assim, chegar direto ao alvo a que nos propusermos. Mais uma vez, demonstramos por meio do sentir dentro do terreiro, em uma gira, que, se soubermos usar esses movimentos de forma consciente, podemos mudar a nossa percepção de viver e de mundo, e com certeza ter uma experiência mais equilibrada e com harmonia em todos os nossos dias. É uma expressão do SENTIR. Sentir essas energias que são originadas e emanadas de dentro de uma casa espiritual, e entender que esse sentir pode e até dever ser expandido e vivenciado em todos os lugares em que estivermos inseridos.

Outro ponto que podemos trazer como uma referência desse sentir é como as pessoas podem perceber a importância do terreiro por meio das sensações. Imaginem uma energia de paz ancorada dentro do terreiro e que cada um que entrar nesse espaço consiga sentir essa energia, além disso, possa despertá-la de tal forma dentro de si que poderá SER essa energia por onde passar e com quem cruzar em seu caminho. Esse talvez seja o nosso desejo, o desejo das entidades, o desejo da espiritualidade... de que possamos SER um só com todas essas energias de D EU S. Certa vez, o Caboclo Ubirajara comentou que quando estivermos conectados e pudermos sentir como ele sente o terreiro, poderemos perceber até uma agulha que estiver fora do lugar, no momento em que pisarmos ou nos conectarmos a esse local. Um filho da casa só irá conseguir perceber a importância real do terreiro em sua vida quando ele puder perceber e sentir como o pai/mãe (sacerdote/sacerdotisa) da casa, isto é, sentir o cuidado, o carinho, o zelo, o amor por tudo que está ali. Essas sensações são muito mais profundas do que somente reações de fala ou expressões emocionais, estamos falando de um sentir com a alma e o coração. Quando pudermos sentir essa integralidade, aí sim estaremos sintonizados com as vibrações que essa Nova Era nos proporciona. O lembrete aqui é que o terreiro é um movimento, uma ferramenta para que possamos adentrar nessas energias de uma perspectiva mais profunda e manifestá-las em todas as nossas atitudes, pensamentos e palavras. Só poderemos enxergar a importância disso tudo quando nos abrirmos e permitirmos sentir isso dentro de nós e, assim, ser todos esses dons manifestos e concretos. Com essas palavras, gostaríamos de colocar uma reflexão para todos que vivenciam o terreiro e para aqueles que desejam esse sentir... Pergunte-se: Qual a minha intenção hoje dentro do terreiro? O que estou fazendo dentro de um terreiro? O que eu busco e desejo dentro de uma casa espiritual? Qual o sentir pretendo despertar?

Neste momento, pare para olhar quantas vezes você apenas leu uma oração ou só o fez de uma forma mecânica e automática. Qual o sentido e as sensações que ela lhe trouxe? Agora, se já teve uma oportunidade de se conectar com as palavras, a forma de expressar, e sentir em seu coração uma oração, um canto... Consegue observar a diferença do fazer algum movimento com sentido? Esse é o sentir de que estamos falando e instigando a cada um que passar por estas palavras. Olhe para dentro de seu coração e procure onde está sua conexão, e com o que e quem quer se conectar. Conexão é sentir, e sentir traz conexões para a vida e o viver. E podemos garantir, a escolha é toda sua.

Silenciar

Muitas vezes, precisamos silenciar para desenvolver a capacidade de ouvir!

Desde muito antes de a sociedade moderna se estruturar, e ferramentas como o Budismo, a Meditação e o Yoga serem conhecidas em todo o mundo, o conceito e a prática do silêncio já eram estudados e muito cultivados em sociedades antigas. Sempre quando se desejava adentrar em um mundo um tanto quanto desconhecido para obter respostas, para encontrar caminhos, ou até mesmo para entrar em contato com as suas divindades... o silenciar era o caminho.

Hoje em dia, somos diariamente bombardeados por uma quantidade infinita de informações de todos os lados, e isso na maioria das vezes nos deixa atordoados mental e emocionalmente, e sobrecarregados de inúmeras formas. O excesso de informação nos traz um impulso para despertar uma ansiedade generalizada, sempre com medo do futuro, sempre nos projetando seja daqui a cinco minutos ou a cinco anos, ou quem sabe até 50 anos para adiante. A questão aqui não se trata de ver ou tentar desenvolver um futuro mais harmonizado e com mais realizações, o ponto principal refere-se a como fazemos isso. Não somente projetamos, como também acabamos vivendo nesse futuro que ainda sequer se apresentou, nos colocamos às vezes anos à frente do momento em que estamos e isso sobrecarrega todos os nossos corpos, impulsionando muito desequilíbrio e muitas vezes até despertando algumas doenças (físicas, mentais, emocionais e quem sabe até espirituais). Somos impelidos a sempre estar correndo com alguma coisa, para alguma coisa, mas nem sempre sabemos a direção em que estamos seguindo. Essa aceleração, em médio e longo prazo, nos causa uma ruptura interna, uma perda de contato com nosso EU interior e todos os princípios que estão atrelados a nosso SER mais profundo. Ou seja, nos perdemos dentro de nós mesmos, nos afastamos de nossa essência e da divindade que somos dentro de nosso ser criador.

Quando falamos de espiritualidade ou de ferramentas que a espiritualidade utiliza, como dons mediúnicos por exemplo, esse ponto é ainda mais visível. Se estamos com nosso sistema cheio de informação, como vamos verdadeiramente estabelecer um contato com padrões de energia mais sutis, já que estamos impregnados de coisas que sequer nos damos conta? Essa mistura e bagunça interna de frequências podem dificultar e muito nossa conexão e, por vezes, trazer influências e interferências enormes para todo e qualquer processo que envolva uma comunicação mais direta e assertiva com os seres espirituais e cósmicos. Portanto, o silenciar a mente é muito mais do que simplesmente "não pensar em nada" ou apenas ficar quieto, sem falar ou sem ouvir nada. Isso seria inconsciência e falta de percepção. O que queremos propor neste ponto é uma reflexão mais profunda do que de fato significa o silenciar, o silêncio interno e todas as ramificações que isso pode trazer para o dia a dia de cada um e, também, para as práticas conscientes de uma espiritualidade ativa.

Podemos até mesmo dizer que o silêncio pode ser uma etapa antes de um evento espiritual, por exemplo, ou o que já mencionamos de uma pré-mediunidade. Chamamos de pré-mediunidade o que seria um estágio antecessor a uma incorporação ou acoplamento energético com alguma entidade. Trazendo esse momento de uma forma consciente, podemos até inferir que essa aproximação será muito mais forte e todos os movimentos mais claros e perceptivos. Acalmar a mente, abrandar o coração, amenizar os sentimentos e equilibrar as emoções, tudo isso é muito mais do que uma preparação para a prática mediúnica e espiritual, é uma forma de se estabelecer um vínculo mais profundo e verdadeiro com frequências mais elevadas. E isso pode nos proporcionar uma comunicação sem ruídos, com menos dúvidas e incertezas, além de uma oportunidade de intercambiar com esses seres para absorver muito mais conhecimento. Portanto, o silenciar seria uma forma de abertura de canais de percepção para que se tornem mais ativos e mais fortes.

Muitas vezes, os orientais se utilizam de algumas ferramentas para auxiliar nesse processo de silenciar nosso interior. E a ideia principal é o contato com o divino que habita em cada criatura. Aqui, talvez, nós iremos a um nível mais profundo... Não somente lapidar esse contato com o que habita em nós, mas também para que de uma vez por todas possamos sentir que TODOS NÓS SOMOS ESSE DIVINO!

O silêncio de uma ou de algumas parcelas mais humanas e mundanas (mais ligadas ao mundo material) é capaz de nos abrir portas para atingir níveis de consciência que ainda podem ser apenas uma ficção científica para os humanos, mas com toda certeza fazem parte de toda nossa essência primordial. O silenciar nos possibilita ir além do humano que vivemos nesse tempo e espaço, pode nos permitir chegar a portais de acesso cada vez mais profundos de nós mesmos, para que assim tenhamos formas e percepções de atingir um contato com a divindade que somos em toda nossa essência criadora. Aqui dizemos essência criadora, pois todos nós somos a mesma fonte do existir, todos somos o mesmo ponto que deu origem a tudo e todos que existem, a toda criação e criatura. O silenciar, dessa perspectiva da sobrecarga que temos de informação, é uma forma de ir além do TER que tanto nos assombra e perturba no plano material, e chegar ao nível de SER. Nesse nível de percepção nada nos falta e nada nos faltará; afinal, seremos tudo que precisarmos ser para cada experiência escolhida, para vivenciar e aumentar a própria capacidade de nos percebermos como um ser criador.

O silenciar pode ser uma grande ferramenta quando utilizada de modo consciente, não para fugir de uma ou outra realidade, mas para trazer formas de viver e experienciar as inúmeras realidades de maneira mais abrangente e profunda. Esse silenciar ainda pode nos permitir sentir mais e mais a cada etapa que conseguirmos ir adiante, no contato e na compreensão do D EU S que somos e existimos, para aumentar essa capacidade de percepção sobre nós mesmos. Estar em harmonia com esse todo e conseguir atingir um nível de silêncio interno podem nos abrir um horizonte que até o momento ainda é nebuloso, difícil aceitar e compreender verdadeiramente quem somos e por que estamos onde estamos e vivendo o que vivemos.

 Vovó Catarina já nos disse várias vezes, dentro do terreiro, que precisamos silenciar a mente para ouvir o que as entidades têm a nos dizer, e que sem esse silêncio fica difícil compreender a mensagem e ter uma conexão mais clara com o que está sendo transmitido. Ela nos diz que ficamos pedindo ajuda e orientação o tempo todo para as entidades, mas como vamos obter as respostas e as orientações se sempre estamos com a cabeça repleta de pensamentos e informações? Esse é mais um exemplo do que muitas coisas que mencionamos e estamos colocando como nossa percepção já está sendo pedidas e ensinadas dentro da Umbanda. Ter essa consciência é despertar mais um ponto de conhecimento sobre quem somos e o que existe dentro de nós.

 Claro, como dizemos várias vezes, ter a consciência é apenas a primeira etapa para a manifestação do TODO que habita em nós. Não adianta apenas chegar a esse ponto e não fazer nada a respeito, é necessária uma ação sobre tudo isso. Temos de desenvolver atitudes e movimentos conscienciais e claros para qual direção estamos indo e se, de fato, queremos ou não seguir naquele sentido. Não se trata de seguir cegamente algo ou alguém em uma direção que eventualmente pode até nem fazer sentido de um ponto de vista individual. Precisamos compreender e aceitar que somos um todo, vivendo experiências separadas neste plano da ilusão da dualidade, e que muitas vezes iremos seguir direções diferentes em nossas vidas, de acordo com as escolhas que fizermos. E tudo bem por isso, apenas precisamos aceitar e respeitar cada movimento e decisão que tomamos, e seguir em nossa jornada.

 Nesse sentido, aqui também colocamos um convite para aqueles que, ao lerem estas palavras, sentirem o chamado... Como seria aceitar o movimento de seu EU mais profundo e se permitir chegar até ele?

Como seria depois de chegar até ele, permitir SER o que já se É e, apenas SENDO, caminhar de uma forma mais consciente pelo seu universo interno e manifestar tudo de que precisa para essa experiência humana?

Como seria, no silêncio de sua própria alma, permitir que seu mais profundo existir se manifestasse em toda sua existência? Nesse silêncio, que você possa escutar e sentir suas mais profundas e sinceras verdades...

Então... Que tal silenciar para ouvir?

Como seria silenciar e, ao ouvir, poder sentir?

Caridade?

Fé, Amor e Caridade. Quem já não ouviu ou viu esses termos em várias culturas e alguns lemas de doutrinas e religiões, como na Umbanda, por exemplo. A questão aqui não é desconstruirmos essas percepções nem reinventar algo, mas inserir uma reflexão um pouco mais profunda no que se diz respeito a como percebemos o significado desses termos.

Sempre ouvimos que temos de ser caridosos, que precisamos realizar a caridade para o próximo e afins. Mas o que fazemos, será que é mesmo caridade?

Bem, se analisarmos as verdadeiras raízes dessa palavra, vamos entender que o que fazemos na maioria das vezes se trata de um auxílio, uma espécie de assistência social, não a caridade em si. O que de fato queremos mostrar com isso é que a caridade é muito maior e mais ampla do que dar um prato de comida, uma cesta básica, roupas, etc. Tudo isso são préstimos que fazemos do ponto de vista social e cultural, dependendo da comunidade ou grupo de que participamos. São questões associadas a fatores externos e, muitas vezes, nos ligamos mais a esses fatores do que, por exemplo, as emoções ou até mesmo uma atenção que a pessoa possa precisar. Não queremos dizer que esses comportamentos não façam parte de uma manifestação divina ou de dons muito benquistos pela espiritualidade. Porém, isso é somente uma parcela da grandiosidade do sentido da palavra caridade.

Em virtude das inúmeras traduções no decorrer das eras, e com uma dificuldade de se inserir dentro das novas línguas que foram sendo criadas, existiu a necessidade de novos vocabulários e novas formas mais complexas de interações e manifestações do que hoje chamamos de linguagem. Se analisarmos como eram as línguas antigas, teremos um conjunto de palavras bem mais simples e menores; dependendo do contexto de sua utilização, teríamos um significado distinto. Dessa forma, não foi diferente com a palavra caridade. Com as sucessões de novas linguagens, essa palavra foi sendo habituada à utilização do que aqui chamamos mais de um auxílio ou assistência social. Na verdade, a palavra caridade nada mais é que uma expressão de amor, ou seja, a caridade é Amor. Queremos mostrar com isso que essa palavrinha tem um símbolo muito maior do que essas ajudas que prestamos. Tem uma relação direta com o princípio Criador e uma manifestação mais objetiva da própria divindade que habita em nós.

Se pudéssemos fazer uma relação mais direta sobre o que entendemos por caridade, até poderíamos dizer que o mais profundo e direto exemplo dela seria o que a espiritualidade faz em prol dos encarnados nesse sentido. É claro que o que chamamos de espiritualidade tem uma ação direta em todos os planos da criação, independentemente da dimensão ou tipos de manifestação. Porém, para exemplificar o que queremos demonstrar neste momento, vamos nos referir ao que a espiritualidade faz nesse intercâmbio com o plano dimensional onde nos encontramos como humanos neste instante, dentro dessa perspectiva de terceira dimensão.

Quando falamos dessa manifestação dos planos espirituais, e se analisarmos mais a fundo o que vários seres fazem por nós, isso sim é uma verdadeira expressão da caridade como um dom do Criador. Os seres de luz, em suas várias linhas e formas de expressão, vêm até nós e se empenham em nos ensinar, direcionar, proteger e tudo mais que podem, de acordo com o que nós individualmente permitimos de uma forma consciente ou não. É por meio desse contato que podemos interagir com eles, e sentir mais sua manifestação de amor e cuidado por todas as criaturas e tudo que existe no universo. A única coisa que diferencia esses seres de nós é seu nível de consciência e de integração com o todo. Eles fazem isso simplesmente pelo desejo real de fazer e se sentir em contato conosco, dentro dessa perspectiva mais profunda e realista dos planos onde se encontram.

Precisamos entender e sentir, além de tudo, que a caridade que aqui manifestamos é simplesmente o desejo real e verdadeiro de se transformar no Amor manifesto em todo o universo, em suas diversas faces e integração uns com os outros. Ser caridoso é ser o Amor manifesto em movimento. É estar em movimento com esse sentimento e, muito mais do que falar ou fazer, é ser um exemplo vivo e integrado dessas manifestações. Há sem dúvida muito o que aprender com a caridade dos planos superiores, mas o que de fato fazemos será que se expressa com esse verdadeiro significado? O quanto temos essas raízes fortes e perceptivas de nossas verdades caridosas uns pelos outros?

Se lembrarmos que todos somos UM só, apenas em uma experiência separada por essa vivência em um plano de dualidade em que nos encontramos, com certeza conseguiremos sentir e perceber muito mais a fundo que quando realizamos qualquer cuidado com o outro, fazemos para nós mesmos. Precisamos nos lembrar de uma vez por todas de que cada um de nós é uma célula do Todo e de que estamos em Tudo ao mesmo tempo. O Todo e o Tudo estão em nós, assim como nós estamos no Todo e no Tudo. Portanto, não existe absolutamente nada que não possamos fazer nem manifestar. Temos de apenas ajustar as nossas frequências com as qualidades necessárias que precisamos utilizar em cada momento, e com isso ser exatamente o que desejamos manifestar.

Agora, faça uma reflexão do que exatamente seu coração lhe diz do que pode ser em sua essência mais pura, no sentido da caridade?

Podemos ter e manifestar esse dom Divino de várias formas. Uma palavra, um abraço, um aperto de mão, um olhar, um sorriso e tantos outros. Tudo isso pode ser uma expressão da caridade, no momento exato que for necessário esse movimento e, principalmente, quando isso ocorre do mais profundo de nossos corações. Precisamos transcender essa ideia que temos do que significa o que ouvimos e fazemos. Não estamos mais em uma era de reproduzir cegamente o que os outros nos falam, estamos em um novo tempo de uma percepção mais profunda de quem somos e do que podemos. Não há mais tempo nem espaço para inconsciências e ignorâncias da importância e do local onde estamos. Não há mais possibilidade de continuar como uma boiada, seguindo somente alguns instintos e impulsos, que nem percebe em qual direção está indo.

Novamente recebemos outro convite da espiritualidade, de sermos a caridade manifesta no planeta. Com comunhão, carinho, respeito e naturalmente com muito amor por tudo o que foi, é e ainda será. Como seria aceitar esse convite e entrar no fluxo do Amor criador que já existe em nós? Como seria dar mais um passo em direção à evolução pessoal e ampliar um pouco mais a percepção de tudo o que existe? Como seria soltar as amarras, desapegar-se do que o prende e seguir adiante na jornada universal? Como seria ir além do que jamais se imaginou e se integrar em um movimento de percepção, verdade e amor?

São muitas as reflexões, são vários os pensamentos e muito mais ainda os sentidos e as direções a seguir. Sabemos que também existem muitos medos, anseios, incertezas do desconhecido. Mas o que seu coração lhe diz? O que sua divindade intui, para qual caminho você pode seguir neste momento?

Que tal adentrar nesta nova perspectiva e ser a caridade em formato de amor? Sem nos preocupar com trocas, se vamos receber algo pelo que estamos fazendo ou não. Apenas seguir adiante, sabendo que somos perfeitamente imperfeitos do jeito que somos. Isso não quer dizer que não existam pessoas no plano material que não exerçam essa manifestação do amor em forma de caridade. Se olharmos em nosso dia a dia e na história da humanidade, vamos encontrar pessoas que fizeram esse movimento de dedicação à prática caridosa. Temos no Brasil uma demonstração clara do que falamos aqui, o Chico Xavier. Ele dedicou a sua vida, seguindo nos caminhos da caridade espiritual e emanando amor por onde passava.

Quantas vezes, com simplicidade, humildade e com a paz que Chico transmitia, somente a presença dele já acalentava as dores da alma? Quantas vezes, com suas cartas e mensagens, abrandava as mentes perturbadas e secava as lágrimas nas faces das pessoas?

Quantas vezes ele, com um olhar e um sorriso, colocava um bálsamo nas feridas que não se fechavam? Quantas vezes, pela manifestação pura do Amor Divino, ele não acolhia os corações sofridos e cansados? Quantas vezes ele apenas se sentava e, no silêncio, alimentava nosso espírito? Quantas vezes ele foi a manifestação do amor caridoso da espiritualidade em toda sua jornada? Nem com tudo isso, ele deixou de estar como humano e experienciar os movimentos desta vida!

E o que ele pedia em troca? O que ele esperava dos outros? Qual o desejo real de suas atitudes?

Eis o que sentimos e percebemos com o movimento da caridade verdadeira. E claro, como tudo que estamos falando, é como nós percebemos e vemos.

E para você, o que é Caridade?

Caridade na Umbanda

Como líder religioso, eu, Sandro Luiz, vejo como principal manifestação dessa caridade que mencionamos anteriormente o que a espiritualidade faz com os médiuns, por exemplo. As entidades não desistem de nós em nenhum momento e repetem, continuamente, quantas vezes forem necessárias os mesmos ensinamentos, as mesmas reflexões, as mesmas falas em algumas situações de formas diferentes, sempre com muita paciência e persistência. E tudo isso com a intenção de que possamos evoluir e aumentar nossa consciência em todos os sentidos. Insistem conosco o tempo todo por acreditar no potencial que temos dentro de nós, e respeitam nosso ritmo e nossas escolhas de modo integral. Isso é o que eu vejo como a manifestação do amor em forma de caridade.

Olhem como um Preto-Velho traz seus ensinamentos... Tantas histórias, tanta sabedoria, tanto cuidado, tanto acalanto! Isso ele traz com a simplicidade e a paz, e sua fala nos leva para caminhar em seu movimento e ir mais a fundo em nossas emoções e humildade. Vem com seus pés descalços no chão, sentindo a terra em seu corpo, mas com alegria de compartilhar o que um dia pode ter sido sofrimento, em aprendizado para a vida.

Um Caboclo, que vem com seu conhecimento e integração com a natureza e todos os seus elementos. Quanto ele respeita e troca com os animais, plantas e com sua comunidade; carrega a força de um guerreiro e nos mostra como lidar com as lutas que o viver impulsiona. Ele nos mostra que às vezes precisamos esperar para conseguir a caça adequada e encontrar a melhor forma de honrar nossos ancestrais dentro de toda a natureza que emana. Caminha pelas matas e nos mostra, pelo simples desejo de ser, como podemos passar pelas jornadas da vida e o quanto os caminhos podem ser árduos, mas gratificantes em cada passo que damos.

O Exu, com sua voz forte e firmeza na fala, carrega em si a força para lidar com os momentos mais difíceis em nossas vidas, e com nossos medos e desejos mais profundos. Ele nos mostra que às vezes teremos de caminhar pela escuridão, porém nem por isso precisamos entrar em desequilíbrio e em uma sintonia trevosa. Podemos até caminhar no que alguns chamam de trevas, mas sempre atuando para a luz e pela luz. Carrega a potencialidade do que podemos ser para construir a realização em nosso plano material.

Observando esses exemplos e de tantas outras entidades, e como eles fazem isso, eles pedem algo em troca? O que será que eles desejam nos mostrar com todo esse movimento? Fazem simplesmente pelo fato de nos amar tão profunda e verdadeiramente, que emanam tudo o que possuem de melhor para nós o tempo todo, dentro e fora do terreiro. Afinal, as entidades não nos acompanham ou ficam conosco dentro do terreiro e nas giras, estão conosco na vida e, até mesmo, quem sabe depois da vida. Isso é o que eu vejo e sinto como caridade real.

Dentro das responsabilidades que vivencio dentro do terreiro, pelo "cargo" que exerço, não o enxergo como caridade. Cuidar da organização e da estrutura do terreiro, ter um tempo para a realização das giras e orientação dos médiuns e, consequentemente, o atendimento aos consulentes, orientar as pessoas que possam me procurar por algum motivo, e por aí vai. Tudo isso, mesmo que possa estar associado com a minha missão espiritual, neste plano eu enxergo como um "trabalho". Não é a toa que mencionamos, quando estamos em uma gira de atendimento, o termo que estamos ou vamos "trabalhar". Por isso eu encaro esse movimento como de fato um trabalho, não como uma manifestação de caridade (mesmo que possam ter essa conotação em alguns momentos). Dependendo de como as pessoas enxergam algumas atitudes, elas podem perceber isso como caridade, e está tudo bem, essa é a interpretação do que significa para elas. Não quero trazer uma verdade absoluta nem forçar a mudança de pensamento ou visão de mundo e dos comportamentos individuais e coletivos. O que desejo trazer com esta fala é que, para mim, isso não é caridade.

Só gostaria de trazer essa reflexão para que, se possível, você possa olhar por mais um ângulo qual é a sua verdade, qual o significado do que a vida nos mostra o tempo todo e qual a sua escolha de viver. Qualquer que seja seu objetivo e a experiência a seguir, sempre será a sua melhor escolha para cada momento. Essa é a minha visão neste instante. E você, como vê a caridade na sua vida?

O Ego e Suas Ramificações

Provavelmente, em algum momento da sua vida, já ouviu alguém usando a palavra EGO ou, até mesmo, já pode ter utilizado esse termo. Isso pode ter ocorrido dentro de um contexto profissional, amoroso, familiar, entre amigos ou qualquer outra área. Mas o que realmente significa essa palavra?

Não trazemos aqui nenhum conceito novo, nem puramente científico, nem ao menos uma visão somente espiritual do que significa o EGO. Queremos trazer uma reflexão mais profunda e prática, mais simples e direta do que podemos entender por essa palavra, e o quanto esse pequenino termo tem tanta importância e força em nosso dia a dia. Faça uma reflexão de todas as vezes que já se viu utilizando esse termo e de todas as vezes que já o utilizaram com você. O que sente? Traga sua atenção para seu interior neste momento, e observe a sensação. O que ela lhe proporciona? Como seu corpo reage? Existe algum pensamento, imagem, lembrança que venha à tona? Se pudesse classificar esse movimento, poderia descrever se seria algo positivo ou não?

Sinceramente, pode ser que não se tenha nenhuma resposta a esses questionamentos. Porém, o mais importante nesse cenário é desconstruir o que "achamos" para poder ir além do que superficialmente encontramos em nossa coletividade social e cultural.

Podemos inferir que o EGO, do modo que queremos demonstrar, é uma parcela totalmente humana. Uma forma simples de talvez compreendê-lo, seria uma ideia de que possa ser uma expressão do seu estar como humano neste momento, ligado a uma percepção material e física. Nesse sentido, é necessário lembrar que não somos seres humanos vivendo uma experiência humana, mas seres espirituais experienciando uma jornada estando como humanos.

Antes de ir mais a fundo na questão do EGO, precisamos chamar atenção ao que significa SER Humano e ESTAR Humano. Bem, para quem já segue alguma crença espiritualista que envolve a eternidade do espírito e a vida humana como uma passagem, talvez não tenha se dado conta do que represente essa forma de ver a si mesmo. Quando falamos em ESTAR humano, referimo-nos à transitoriedade que esse termo nos impulsiona a refletir. Demonstramos aqui o humano como um estado passageiro e totalmente transitório, no que diz respeito ao tamanho do seu ser essencial como uma centelha divina do Criador. Para ficar mais claro, podemos até fazer uma comparação aos estados emocionais pelas quais passamos no decorrer dos dias. O que às vezes pode ocorrer são variados estados de expressões emocionais em um curto intervalo de tempo. Se olharmos por esse ângulo, vamos perceber até mesmo situações um pouco mais conturbadas, mas elas sempre irão passar. Por maior que seja a alegria que possa estar ativa, ou por mais profunda que seja a tristeza, jamais ficaremos "eternamente" nesse estado. Olhemos ainda dentro de nossas atividades cotidianas, quantas situações podem trazer inúmeras sensações, totalmente distintas? Podemos perceber isso com sensações físicas em alguns momentos, por pensamentos ou por expressões de emoções, com lágrimas ou gargalhadas por exemplo. Tudo isso tem uma conotação de movimento, afinal, nada no universo está parado. O Todo é um contínuo movimento, além do tempo e do espaço. Por isso trazemos aqui essa reflexão do SER e ESTAR humanos. Precisamos reforçar a percepção interna de cada um, na profunda divindade que se É, a essência de cada partícula existente no cosmos. ESTAR como humano é uma dádiva para experienciar movimentos que só esta vida nos proporciona. Trata-se de uma das múltiplas faces da criação, para aprender e sentir mais e mais o que significa a transitoriedade universal. Se pudéssemos dizer alguma coisa do que verdadeiramente toda criatura É, com toda certeza poderíamos falar que tudo e todos são LUZ e AMOR. Essa é a essência do SER. Tudo, além disso, são apenas expressões de estados que vão e vem no decorrer da existência divina.

Esclarecido o que significa o SER e o ESTAR na vida humana, voltamos ao conceito do EGO e como ele se apresenta no dia a dia da existência. Podemos dizer que o EGO poderia representar o EU humano, essa parcela passageira que faz com que cada percepção humana seja vivida e processada. Ele revela toda a interatividade que temos em todas as vivências humanas. É por meio desse EGO que podemos sentir raiva, dor, angústia, alegria, felicidade, compaixão. Porém, ele só manifesta um reflexo do que essas propriedades de fato representam, pois tudo isso tem uma energia gerada antes do que chamamos de emoções. Toda emoção tem um "quantum" (quantidade e movimento) de energia que, de acordo com os princípios e valores de um organismo, se manifesta e se nomeia seguindo muitas vezes padrões sociais e culturais de onde se vive. Cada cultura, nas diversas expressões humanas, tem um jeito muito peculiar de interagir com as emoções, e isso também está ligado à forma de compreender tal coisa. Aqui entra a crença cultural, em que cada povo terá uma visão distinta do Todo que está sendo representado. Nessa perspectiva, o EGO é uma forma de se apresentar e interagir com os aspectos humanos, para si e para o mundo onde se está inserido.

A ressalva que fazemos se trata de que o EGO pode desenvolver algo que eventualmente chamamos de uma "síndrome de grandeza", o que por vezes cria uma percepção que ele acha que é maior do que o Todo ou, até mesmo, se imagina como se fosse o próprio Todo. Se pudéssemos criar uma imagem para exemplificar, imaginem que uma porta, como esse Todo, fosse tudo que há em sua existência. O EGO seria somente a fechadura, na qual se insere a chave para abrir e fechar, para acessar e lacrar as percepções. Então, ele é uma pequena parcela que faz parte do Todo, e não o Todo propriamente dito. Repetimos isso, pois se trata de um esclarecimento primordial para adentar no universo que falamos neste instante.

Diante dessa perspectiva, na condição humana, o EGO em desarmonia pode criar rupturas e barreiras imensas para o caminho da espiritualidade. É por intermédio desse desequilíbrio que a vaidade, orgulho, aspereza, falta de moral e ética, ilusão de grandeza e muitos outros adentram na vida cotidiana, irrigando todo nosso organismo de ilusões e mentiras. Essas fantasias vão afastando mais e mais a conexão com o divino que se manifesta no íntimo do nosso ser. Nesse momento, esquecemos o Criador e a criação, e nos colocamos acima uns dos outros. Essa falta de percepção e de contato com a verdade nos determina como SER humano, e nossa verdade maior se perde em doutrinas e crenças que nos afastam de nós mesmos e uns dos outros. Quando o EGO toma as rédeas da vida humana, pode-se perder a percepção da essência, e nos tornamos frios e calculistas em um mundo que só reproduz esses fatores pela inconsciência que se apresenta perante as relações humanas, com a natureza de uma forma geral e, até mesmo, com o próprio cosmos e todo o universo. É partindo dessa premissa que trazemos uma expressão que muitos devem conhecer: ORAI E VIGIAI! Isso não se trata de uma punição, castigo ou qualquer outra vertente que possa trazer reflexos de não poder ser quem é. Trazemos essa frase como um contexto para se analisar o EGO e suas diversas manifestações. Talvez, essa reflexão tenha sido deixada para o plano material exatamente para se despertar e entender o verdadeiro significado no momento certo. Orai e vigiai nada mais é que observar e cuidar para que esse EGO humano não tome conta da manifestação da sua divindade, e para que você não se perca nos caminhos da ilusão da separação que o estar como humano proporciona.

Cuidar para que o EGO não entre na onda de uma vaidade desmedida em que se perde a percepção do seu EU verdadeiro é um desafio da experiência humana. Esse é o motivo principal de utilizar esse lembrete neste momento. Para a Nova Era que se apresenta, o EGO humano não poderá estar em superioridade à sua LUZ e ao AMOR internos. Será necessário lidar com tudo que ele ilusionou e com as ramificações em nossas vidas, dessa e de outras eras.

Utilizar esse mesmo EGO para se aprofundar na experiência humana é a forma mais simples de se interagir com ele, e fazer com que trabalhe a favor do despertar. Mas, para isso, adentrar no mundo da espiritualidade verdadeira de seu coração sempre será a chave principal para resplandecer novamente nesse caminho do Criador. Às vezes terá de desconstruir alguns personagens que essa mesma parcela de nós mesmos criou, porque além de um personagem, sempre terá quem o represente. E a busca nessa Nova Era é para a representação primeira de seu coração. Chega de personagens e criações mentais, ilusões e fantasias em decorrência de enganações internas e coletivas.

Esse é um novo mundo de oportunidades infinitas de expandir o potencial individual e coletivo de cada criatura, neste momento no planeta. Por isso ressaltamos o compromisso da espiritualidade com cada um nesta nova etapa planetária. Tentamos mostrar o quanto cada um é privilegiado por estar neste momento em que estamos e poder viver a plenitude de sermos precursores desta Nova Era. E que isso não seja somente uma novidade para o planeta, mas também para todos os corações, pois se estamos aqui neste momento lendo estas palavras, é porque com toda certeza aceitamos a tarefa de viver como guia e abertura de portais para os muitos seres que estão por vir após esta jornada.

Podemos nos direcionar a outros planos para viver e experienciar a ilusão da separação, ou nos tornar uma chave e um farol para um futuro novo e brilhante que se apresenta. Eis os caminhos da Nova Era, que é apenas a mesma Era de outras Eras, mas com uma oportunidade de se viver mais plenamente e de ser tudo o que fomos criados para SER nesta interação e com este nível de integração.

Existem diretrizes e caminhos, mas para tudo há uma possibilidade de escolha. E você, o que escolhe viver?

Cura/Curar/Curador

Falar sobre cura e o processo do curar, na maioria das vezes, se torna uma tarefa um tanto quanto delicada. Não em razão da complexidade do assunto ou das dinâmicas que isso pode gerar, mas pelos agentes envolvidos na situação. A cura em si pode até se tornar relativamente simples e natural, embora para algumas pessoas a cura seja algo direcionado a milagres externos ou divindades supremas.

A reflexão, nesse âmbito, refere-se a que todo e qualquer processo que envolva a cura; independentemente da perspectiva, trata-se de uma demanda de AUTOCURA. Isso mesmo! Para se atingir uma cura, seja ela física, mental, emocional, espiritual ou qualquer outro nível existencial, temos de fazer um movimento interno. Tudo que é necessário para se curar ocorre e se ativa internamente, em uma direção do interno para o externo. Ou seja, para se curar, VOCÊ PRECISA SER O SEU AGENTE CURADOR! NINGUÉM, ABSOLUTAMENTE NINGUÉM, CURA NINGUÉM!

Ler isso talvez possa gerar um certo desconforto, incômodo, irritação, raiva e até mesmo uma certa afronta. Porém, é isso mesmo. Essa é uma reflexão que precisamos compreender e aceitar acima de tudo. Quando estamos envolvidos dentro dessas questões, de que precisamos ser curados de algum desequilíbrio, nós e somente nós podemos permitir e realizar essa jornada de cura. Para que os nossos corpos retornem ao equilíbrio, seja ele qual for, primeiro necessitamos ter consciência de qual agente interno nos impulsionou a entrar nessa frequência de desarmonia.

Quando falamos que nenhum agente externo pode ativar nem manifestar a cura, estamos nos referindo tanto a seres encarnados quanto a desencarnados. Esteja o ser onde estiver, ninguém tem ação sobre nós sem uma permissão ou ressonância energética e magnética.

Vamos colocar um exemplo de uma questão no corpo físico, para trazer a reflexão sobre o que estamos falando. Pense que você está com uma doença física, se machucou e está com uma ferida que não sara nem cicatriza. Eventualmente o que se faria é ir ao médico para examinar e receber orientações sobre o que se deve fazer, certo? Bem, imaginemos que no momento da consulta o médico passa inúmeras recomendações a serem realizadas, e algumas delas têm de ser seguidas de uma forma bem cuidadosa e bem delicada. Outros pontos seriam ficar de repouso e não poder sair durante um tempo. Ao sair do médico e chegar em casa, você não dá importância ao que foi dito e segue da mesma forma que estava agindo antes, nada é feito para seguir o que fora dito. Nesse caso, será que a ferida irá cicatrizar de maneira correta e sem sofrimento? Muitas vezes, será que essa ferida não pode até evoluir para outras tantas ramificações? Então, a pergunta que fazemos é: ir ao médico curou a sua ferida?

Nesse exemplo, fica evidente a importância e a nossa responsabilidade sobre nosso processo de cuidado para atingir a cura. O nosso próprio corpo, naturalmente, irá reagir e criar formas de se regenerar para entrar em um equilíbrio de novo, e os anticorpos farão todo o restante para a cicatrização e tudo mais que for preciso. Mas, se resistirmos a esses movimentos naturais e tentar ir contra o que nesse caso o corpo físico está pedindo, com certeza poderemos ter outras consequências. Precisamos cuidar dos nossos corpos para que eles façam o que necessita ser feito e novamente entrar em ressonância com as próprias frequências para que códigos essenciais retornem ao ponto são, por assim dizer. O maior vilão para nosso despertar, e para a ativação da cura, somos nós mesmos. Nós que muitas vezes impedimos ou dificultamos esses movimentos internos. Claro que aqui precisamos colocar uma observação: muitas vezes essas barreiras não são conscientes, podendo até nem perceber quando elas ocorrem. E aqui mais uma vez entra a parte de consciência e autoconhecimento.

Quanto mais nos conhecemos, maior será o contato com nossas parcelas mais profundas e, naturalmente, iremos conhecer nossos pontos mais frágeis. Sabendo das nossas vulnerabilidades, entenderemos algumas situações de desequilíbrio, dores e sofrimentos que poderão se instalar. A questão principal é que não basta somente ter consciência da raiz do problema para que ele se resolva, mas essa é a primeira etapa.

Após a percepção das questões, ou possíveis variáveis que possam ter impulsionado o sofrimento, será necessário desenvolver ações sobre elas. Saber é o primeiro degrau para que comece a perceber o que precisa ser cuidado, melhorado, ressignificado ou até para se libertar dentro de toda essa vivência. Então, para que a cura se manifeste, depois de ter a consciência, precisamos desenvolver ações, por menores que sejam, para que passo a passo tenhamos êxito.

Ao mencionar esses sofrimentos ou feridas, ressaltamos que o mesmo princípio ocorre para todo e qualquer tipo de situação. Aqui, exemplificamos no cuidado do corpo físico, para uma questão de ferida/machucado. É importante que fique claro que não será diferente em uma ferida mental, emocional e até mesmo espiritual. Todas essas áreas envolvem o mesmo mecanismo para manifestação do que se deseja. As formas com que se apresentam são diferentes, é claro. Como iremos perceber, as consequências que cada uma delas pode ter também são distintas. Quando olhamos para as áreas que as feridas foram manifestadas, é evidente que as raízes podem ter formas, tempo, espaço, dinâmicas totalmente peculiares. Mas afirmamos, toda e qualquer forma do milagre da cura ocorre de dentro para fora.

Talvez aqui exista um certo questionamento: por que não nos curamos então? Ou ainda, se somos os agentes curadores de nós mesmos, por que ativamos ou permitimos que as doenças e os sofrimentos aconteçam?

A resposta pode ser muito simples e, ao mesmo tempo, complexa (ou nós mesmos que complicamos o processo. Neste momento, isso não importa). Não fazemos isso, ou temos dificuldade para fazer, a princípio, por três motivos básicos: primeiro, porque não nos lembramos de que somos o Criador em forma de criatura, e somos o Tudo e o Todo; na sequência, há a questão de colocar as rédeas de nossas vidas e escolhas sempre para o exterior, para outras pessoas, estejam elas na carne ou não; e o terceiro motivo, totalmente interligado ao anterior, é que não acreditamos em nós mesmos. Isso mesmo! Como colocamos as responsabilidades das nossas escolhas e o que ocorre em nossas vidas para os outros, perdemos a crença maior em nós mesmos e de que tudo podemos. Lembrando que esse processo pode ocorrer de modo consciente ou não, por isso, colocar dessa forma simples não quer dizer que isso seja fácil.

O simples pode ser fácil ou difícil, isso irá depender da consciência, do autoconhecimento e de outros tantos fatores coletivos também. E assim não permitimos que a cura e o reequilíbrio se estabeleçam dentro de nós e ao nosso redor. Enxergamos o processo de cura por meio de um entendimento individual, que depende única e exclusivamente de um movimento interno, porém existem inúmeros fatores coletivos que podem influenciar. Quando atingimos um nível de consciência adequado para esse movimento, podemos mudar nosso ambiente externo, o que naturalmente irá alterar aos poucos a percepção coletiva que, consequentemente, também será uma oportunidade de outras ativações individuais. Ou seja, o movimento individual altera o coletivo, que altera o individual. É um ciclo contínuo. Existem fatores que podem facilitar ou não nessa caminhada, e todos eles estão ligados às nossas necessidades como indivíduos e como coletividade: alimentação, segurança, condições de temperatura ambiental, relações interpessoais e, principalmente, a relação com a natureza de maneira geral. Quando nos conectamos de forma harmônica com os elementos naturais e conseguimos fluir com eles, aumentamos a potencialidade para os processos de manifestação da cura. Com isso, podemos perceber a nossa responsabilidade sobre todo o processo e que, para evoluir, é necessária a reconexão com a natureza.

É claro que aqui temos de colocar um lembrete bem importante. Do lado da pessoa que busca a cura, é muito comum encontrarmos padrões de dificuldade de aceitação no estado a que chegou, e isso se deu pelas escolhas individuais, na maioria das vezes. Então, até mesmo por uma "preguiça", falta de disciplina, comodismo, entre outros, a pessoa não se apropria da sua força interior e da sua luz essencial. Ela busca curas em locais, pessoas, no Divino, etc. Precisamos lembrar que cada um de nós é o Divino personificado em criatura, e somente nós podemos viver nossa própria vida e experienciar nossos aprendizados. Se observarmos, é muito comum perceber pessoas que buscam esse processo de cura e quando recebem orientações, principalmente para se apropriar de seus pensamentos e emoções, não fazem o que foi pedido. Quando recebem uma palavra mais firme, de assumir os erros ou questões que foram realizadas para entrar em processo de rever seus conceitos e atitudes, não o fazem. Quando são até mesmo "cobradas" por uma reformulação interna e de seus princípios e valores, se irritam e dizem que o ser que está ali não foi amável com elas, que não as ajudou e ainda deu bronca. Isso ocorre porque algumas pessoas vão atrás do que querem ouvir, não do que realmente necessitam compreender.

Precisamos compreender que o AMOR não pode ser confundido com ser passivo, nem condescendente com questões que possam contrapor o processo de harmonia. Não se trata de ser duro ou até mesmo agressivo, porém, saber que a amabilidade também é dizer a verdade. Com carinho e respeito, mas a verdade. Para que a cura profunda e verdadeira ocorra, é necessário assumir as rédeas da nossa vida, respeitar e aceitar seja lá o que tenha acontecido e se lembrar de que já possuímos tudo de que precisamos dentro de nós. É só se encontrar onde está e permitir que o movimento ocorra. Claro que precisa ser respeitado o tempo de cada um, além do nível de consciência. A cura ocorre, o despertar se ativa, e o AMOR transforma quando entrarmos nessa ressonância de forma natural e espontânea, respeitando nosso momento e nossa consciência em cada situação.

Outro ângulo do processo de cura, que sentimos a necessidade de enfatizar, refere-se às pessoas que se colocam como agentes curadores. São pessoas que se põem em uma posição de poder e superioridade sobre o outro e se esquecem de que todos somos UM, somente em níveis de percepção e interação diferentes com o Todo. Esses seres, encarnados ou não, se colocam como fontes de cura e libertação, como fontes que apontam o caminho da verdade e da evolução suprema para chegar a D EU S. Eis uma reflexão e um alerta para isso. Repetimos o anunciado: "NINGUÉM CURA NINGUÉM"! O que podemos mencionar, e se referindo inclusive ao poder do coletivo de que tanto falamos, é que quando estamos reunidos, em frequências elevadas e em locais que emanam essa mesma frequência, nossa sensibilidade se ativa. Diante dessas pessoas ou locais, é como se portais fossem abertos, os quais propiciam um nível de consciência maior para o que deve ser feito. Isso não quer dizer que o ser ou o local fizeram nada por você, mas que por algum motivo, consciente ou não, estava receptivo o suficiente para entrar em contato com sua divindade interna. Quantas vezes já escutamos: o que o curou foi a sua FÉ! Essa é uma expressão de seres de luz e com a consciência de que serviram somente como um veículo, um canal para que alguém pudesse entrar naquele sentido e fazer, e se permitir fazer, o que fosse necessário. Portanto, observem e se atentem a locais ou pessoas que prometem a cura ou a liberdade, seja ela do âmbito que for.

Seja livre para viver as escolhas que fizer, sejam elas totais ou parciais. Respeitemos nossas escolhas e aprendamos com elas. Que possamos compreender que todo nosso processo de realização de curar já está dentro de nós. As ferramentas – pessoas, locais, auxiliares dos reinos mineral ou vegetal, companheiros dos planos sutis da espiritualidade – são condutoras para ativar nosso contato mais profundo com nossa essência. E quando isso ocorre, podemos atingir a "cura merecida". Que possamos nos apropriar de nossas vidas e reivindicar, conscientemente e ávidos do Amor universal, nossa herança cósmica e estelar. Que possamos sentir além do que nosso olhar demonstra. Que possamos ser a cura manifesta em nossa vida, e se assim o desejar, se permitir ser um farol nesta jornada para que outros também possam despertar e atingir seu nível de autonomia sobre si mesmos e sua existência. Que possamos ser a luz que nascemos para viver.

Diante de tudo isso, com todas as palavras que mencionamos em todos os momentos destes escritos, não absorva nem aceite o que falamos como verdade absoluta. Reflita de forma profunda e verdadeira sobre a cura, sua cura. Sinta como ocorre seu processo de cura e quem de fato é o agente curador. Por meio de quem e como ocorre a cura, nos seus diversos níveis. Analise os seus sentidos mais profundos e encontre o que seu EU interior lhe mostra ou provoca no seu sentir.

Pense agora em alguma situação que precisa ser curada na sua vida. Observe com carinho e atenção. Sinta essa situação e tudo que possa estar atrelado a ela. Pergunte-se o que precisa e pode ser feito para que isso seja curado. Agora, coloque a mão em seu coração e diga: "EU ME PERMITO SER CURADO! EU MANIFESTO A CURA REAL E PROFUNDA EM MINHA EXISTÊNCIA! EU PERMITO QUE A MINHA CONSCIÊNCIA DIVINA ME ELEVE AO MEU PROCESSO, PARA QUE A CURA ACONTEÇA! EU AGRADEÇO SER O AGENTE DA MINHA AUTOCURA, E AGRADEÇO ÀS CONSCIÊNCIAS CONECTADAS A ESSE MOVIMENTO! EU MANIFESTO A CURA EM TODO O MEU SER, E MANIFESTO A DIVINDADE QUE SOU EM TUDO E TODOS, A PARTIR DO MEU PRÓPRIO CORAÇÃO!"

QUE ASSIM SEJA E ASSIM SE FAÇA! POIS ASSIM O É!

O Poder da Intenção

Em noite de Lua cheia, com os pés descalços, sentindo as entranhas da terra por todo corpo, a cabeça voltada a D EU S, nosso amado Criador, na certeza de que nessa noite de céu estrelado como guias nessa lida. Que a lua nos proteja dos perigos da noite, mas sabendo que nossa maior dor está na cabeça, que cria nosso sofrer. Caminhando com os pés cansados, às vezes doloridos de tanto sangrar, de tanto pisar nos espinhos do solo a enfrentar. Sim, a pele dói, os cravos machucam, mas a vida continua e o rio segue seu curso natural indo sempre em frente. É assim que olhamos para nossa noite, é assim que vemos o que não conseguimos enxergar. É sentindo no couro pesado das solas dos pés que sabemos por onde adentrar. E assim continuamos nosso viver, cheio de alegrias, aguardando o amanhecer.

Paramos exaustos de tanto andar. Sentimos que é hora de descansar para se recuperar. E assim fazemos! Na certeza de que D EU S nosso Senhor vai a nosso sono em seus braços nos amparar. E caímos em seu colo de acalanto e bem-estar. Vamos recuperando a força e destreza em nossos corpos, para logo menos pronto estar.

Ao abrir os olhos, com o som dos pássaros a cantarolar, ainda na bruma do horizonte esperando o sol raiar, mexemos nossos corpos para que eles possam acordar, viramos e reviramos, e abraçamos nosso desejo de vivo estar. De cabeça erguida com as bênçãos de mais um dia a começar. Sentimos os primeiros raios de um novo alvorecer florir, com a energia da fé e do amor, e a força para poder novamente caminhar. Sentimos a energia do sol queimar e transformar nossas dores, cansaço e sofrimentos, para livres mais um dia podermos caminhar, com a luz do brilho dos olhos de D EU S iluminando nosso trilhar, com amor no coração e pisando no chão que todo sustento nos dá.

Filhos d'alma e do espírito do Divino Criador; seres eternos das virtudes de Jesus, um filho do universo, assim como nós. Filhos todos somos do mesmo pai/mãe, que a todo instante nos ama, abraça, conforta e nos protege. Filhos todos somos, companheiros de jornada, assim o é! Filhos pais, filhos mães, filhos filhos, filhos irmãos e irmãs, filhos amigos e amigas, filhos de todas as formas e juntos ao sentir e estar. Que todos possamos ser os filhos que somos, herdeiros do universo e presenteados pelo dom de AMAR!

Por isso o velho pisa, pisa devagar...

Contempla o mundo e sente o mundo todo com os pés no chão, para assim poder emanar...

Velho pisa, pisa devagar... para sentir nos pés o brilho do Senhor D EU S, em que tudo está!

Velho pisa, pisa devagar... para em tudo e todos, sempre juntinhos, podermos estar!

Pai José de Aruanda (intuição em 15/ago./2021)

Quando já estávamos nos últimos detalhes do livro, pensamos falar um pouco sobre o poder da **intenção** e a força do pensamento em nosso dia a dia. Como esse tema é algo muito amplo e com inúmeras ramificações, começamos a conversar como seria a melhor forma de falar sobre isso dentro de nossa perspectiva e seguindo a linha das reflexões que trouxemos até aqui. Eis que mais uma vez, com a intuição e os desejos alinhados para emanar da melhor forma possível o que temos dentro de nós e amparados por todo universo, recebemos a mensagem anterior da espiritualidade. Percebemos nesse instante qual seria o olhar que mais faria sentido para essa etapa.

Às vezes nos perdemos e nos desconectamos de nosso propósito maior como criaturas e emanações do Divino Criador. Apequenamo-nos perante nossas dores e, principalmente, quando as transformamos em sofrimento, assim achamos que não temos mais forças para caminhar. Quando isso ocorre, perdemos a percepção de que a maior de todas as **intenções** é estar sentindo a conexão com tudo que existe, que estamos e somos conectados uns aos outros e a toda criação. Talvez até possamos dizer, na nossa visão é claro, que a maior dor que vivenciamos na experiência humana é o fato de acharmos que estamos desconectados e longe de D EU S. E, portanto, essa talvez seja a maior ilusão que encontramos no plano em que vivemos. Se pudéssemos traduzir de uma forma humana o desejo real do Criador, poderíamos até inferir que seria que todos os seres possam ser felizes, essa seria a **"intenção"** principal Dele. E para sentir o que chamamos de felicidade, a forma mais real e direta seria perceber que basta silenciar e caminhar em nosso ritmo, para ter a clareza de que toda a nossa vida e o potencial do viver em/com D EU S já existem dentro de nós.

Hoje em dia podemos analisar e pesquisar muitas formas de entender o funcionamento, quase didático em algumas situações, do poder da **intenção**. Mas antes de usar o poder de algo, será que paramos para perceber o que exatamente estamos fazendo e do que estamos falando? Antes de praticar a **intenção** e toda a força e manifestação que ela pode despertar, que tal refletir um pouquinho sobre o que é **"intenção"**?

A manifestação e a materialização de qualquer coisa em nossas vidas partem de alguns princípios e percepções internas, certo? Vamos observar um simples fato de ler um livro, por exemplo. O que o motivou a fazer esta leitura? O que provocou o interesse em comprar um livro, investir seu tempo e sua energia para isso? A começar a ler, o que o instigou que continuasse ou desistisse? Qual o desejo real e interno que existiu para se conectar com o livro? Qual ação interna (**"intenção"**), consciente ou não, o direcionou ou atraiu para essa escolha?

Bom, aqui as reflexões podem seguir infinitamente, mas o principal movimento é... Como percebemos essa **intenção** e a praticamos?

Atingir as realizações em nossa vida material ou espiritual segue o princípio de um real desejo do que queremos ser. Precisamos nos atentar para o que existe dentro de nós, a forma de reconhecer isso é por meio dos pensamentos e de nossas emoções. Olhar para isso com carinho e sem qualquer julgamento é a primeira etapa para construir esse caminho de modo consciente. Nesse momento em que está lendo estas palavras, pare alguns segundos e perceba se existe algum tipo de pensamento rondando ou algum sentimento de que possa se dar conta, até mesmo como seu corpo físico está agindo neste momento. Esses indicadores podem nos mostrar as **intenções** que temos neste instante e como elas estão determinando nossas vidas. Sim, isso mesmo, nossos pensamentos e emoções, seguindo essa **intenção**, criam nossa realidade, tanto interna como externa.

Se olharmos para o universo e para nossas relações humanas e com a espiritualidade, poderemos perceber como de maneira contínua estamos seguindo exatamente esse instinto interno. Quantas vezes ouvimos que precisamos acalmar o coração e a mente para que as coisas aconteçam, que precisamos cuidar de nossa cabeça para que a vida ande e os caminhos se abram? Essa construção está atrelada a toda essa percepção das nossas **intenções**.

Dentro da espiritualidade podemos usar vários exemplos, mas aqui vamos optar por direcionar um neste momento: a Oração. O Orar sem uma **intenção** real será apenas palavras jogadas ao vento, sem força, sem direção. Mas quando entoamos uma oração com um propósito real de amor, ela com certeza terá seu potencial exponenciado, pois nesse momento estamos vivendo e nos movimentando por meio da fonte Criadora. É nesse ponto que a oração se torna uma das ferramentas mais poderosas que temos neste plano onde vivemos. Essa é uma demonstração explícita do **Poder da Intenção** que mencionamos aqui.

Vemos como a maior **intenção** que possuímos é a de estar novamente com D EU S e sentirmos essa conexão. Mas se somos parte de D EU S e nada está fora Dele, será que estamos mesmo desconectados? Será que não podemos dizer de que se trata de uma ilusão essa percepção? Com isso, enxergamos que a maior **intenção** a ser trabalhada é a **intenção** de sentir essa conexão em tudo que fazemos e em qualquer lugar onde estivermos.

Analisando inclusive a escolha que fizemos de escrever este livro, ela passa por uma **intenção** muito clara de transmitir nosso ponto de vista sobre essa conexão. Ainda teremos mais etapas vindas dessa escolha e falaremos no momento seguinte – que será um segundo livro – sobre como vemos o uso da **intenção** com várias ferramentas e pontos de vista diferentes. Como tudo que fizemos e falamos, não serão verdades absolutas, mas uma perspectiva prática de ser e viver mais conscientes esta experiência humana na Nova Era. Vamos trazer reflexões e ferramentas para que cada um sinta à sua maneira, em seu tempo e ritmo, qual a **intenção** que existe em seu interior e a forma de se conectar com seu EU, com a espiritualidade e com D EU S.

Sendo mais "EU" a cada dia, respeitando e aceitando nossas escolhas, podemos ampliar nossa capacidade de atrair e manifestar tudo o que somos e desejamos. E lembrando, é sendo o que somos, que nos direcionamos, atingimos e despertamos a verdadeira **intenção** de D EU S em nosso existir.

Como seria aceitar e sentir novamente essa **Intenção Criadora**?

Praticando a Intenção

A DANÇA DA CRIAÇÃO

Era mais um dia na mata, mais um dia dentro do movimento do pai vento – a voz do Grande Espírito, o som do Criador que nos eleva a alma e faz o corpo estremecer. Mais um encontro dentro da Fonte Criadora do Amor Divino.

Com o poder dos ventos que move as águas, que cresce as plantas e nutre a terra; com a voz de D EU S ressoando pelo caminhar do Grande Espírito que não se vê, mas se sente em todos os corações.

O som da Criação ressoa em cada célula do planeta e em tudo que nele contém. Tudo reage e interage com a melodia universal. Tudo vibra e responde à valsa da natureza com os elementos do Criador. Com o som do universo, as criaturas respondem à sua Raiz. Com a dança da criação, a natureza criou as matas e nelas colocou toda essência da sua emanação, em que tudo existe e existirá.

Olhe a mata, sinta-a no seu coração e se abra para escutar. Sinta o irradiar da cantoria dos ventos que corteja as árvores e fertiliza o solo. Sinta o farfalhar das folhas e a música que elas criam. Você é a natureza entoando a sua própria criação. Com o solo fertilizado, a semente rebenta a terra e crava suas raízes nas profundezas da Mãe Terra. E assim começa a Dança da Colheita material e espiritual. Ah, se pudessem ouvir esse canto e seu encanto... A Canção da Grande Mãe a seu/sua filho/filha que está por vir, como uma criança embalada por uma linda canção de ninar. Assim a mata nos faz sentir.

Nos seios de suas nascentes, ela nos dá as condições para o alimento dos animais e todos entoam sua canção de agradecimento ao Poder Criador. No caminhar, as plantas e os animais dançam e cantam sua própria canção e se movem na Valsa da Criação.

Todo movimento carrega um som, e não há som sem movimento. O som dos pés nas folhas, o som da colheita nas mãos, o som para atrair e afastar os animais para sua caça e pesca. Todos juntos dentro da Dança da Criação.

Tudo reage ao som do Criador. Tudo emana da voz de D EU S. E todo som é a emanação por meio do Grande Espírito às suas criaturas. E a Dança da Criação continua seu fluir.

Não há dança sem música, e sem o som não há movimento. E sem AMOR a Dança da Criação não segue nem rio abaixo nem rio acima.

Tudo reage ao movimento e todo movimento carrega seu som em si. Todos os sons reverberam na mata, e a mata nutre tudo que é necessário para nosso caminhar e despertar. Viva e sinta o som de D EU S em seu corpo, em tudo que existe. Vibre com a orquestra singela dos elementos da natureza. E seja UM com toda Orquestra Universal.

E é assim que somos! Somos um com a natureza! Somos todos movimento e som do Grande Espírito dos Ventos! Somos a Dança da Criação na harmonia da alma do universo.

Somos todos mata! Somos todos Caboclos e Caboclas dos Novos Tempos e dos Antigos Mundos! Somos Caboclas e Caboclos em perfeita harmonia! Somos Caboclas e Caboclos caminhando juntos, com toda a mata! Pois todos vibramos e ressoamos na Cantiga da Criação de D EU S.

Caboclo Sete Flechas (intuição em 15/ago./2021)

Arquivo pessoal de Sandro Luiz Lima

Como mencionado anteriormente, para nós existem inúmeras formas de demonstrar a **intenção** e o que ela pode fazer em nossas vidas, vamos nos aprofundar nela na próxima etapa. Porém, para que já percebam esse movimento ocorrendo em sua manifestação prática, gostaríamos de propor um convite para perceber isso pela música.

Novamente, conectados com nosso propósito de transmitir de maneira cada vez mais simples e direta o que sentimos, recebemos mais um presente da espiritualidade na forma da mensagem anterior. Pensávamos em como iniciar a reflexão do papel da **intenção** por meio da música, e como uma flecha certeira em seu alvo, as palavras intuídas foram o motor para esse movimento. A cada expressão recebida, podemos perceber que nosso desejo real estava direcionado e conectado com uma das ferramentas que escolhemos para esse processo.

Vemos a música e a dança como demonstrações claras de como uma **intenção** pode ser percebida pelos movimentos físico/mental/emocional/espiritual; a sonoridade e a reverberação de tudo isso para a manifestação do que está dentro de nós.

A seguir, vamos colocar algumas mensagens enviadas pela espiritualidade em forma de canção, como um convite para entrar em conexão com esse movimento. Não é somente para uma reflexão das letras que elas nos trazem, mas, acima disso, ao se conectar a elas com a real **intenção** do que querem dizer, podemos senti-las de maneira muito mais profunda e mais ampla. É sentir e ressoar com a sua **intenção** no momento de escutar e cantar cada uma delas.

Boas intenções!

EXU LUZ DO PODER

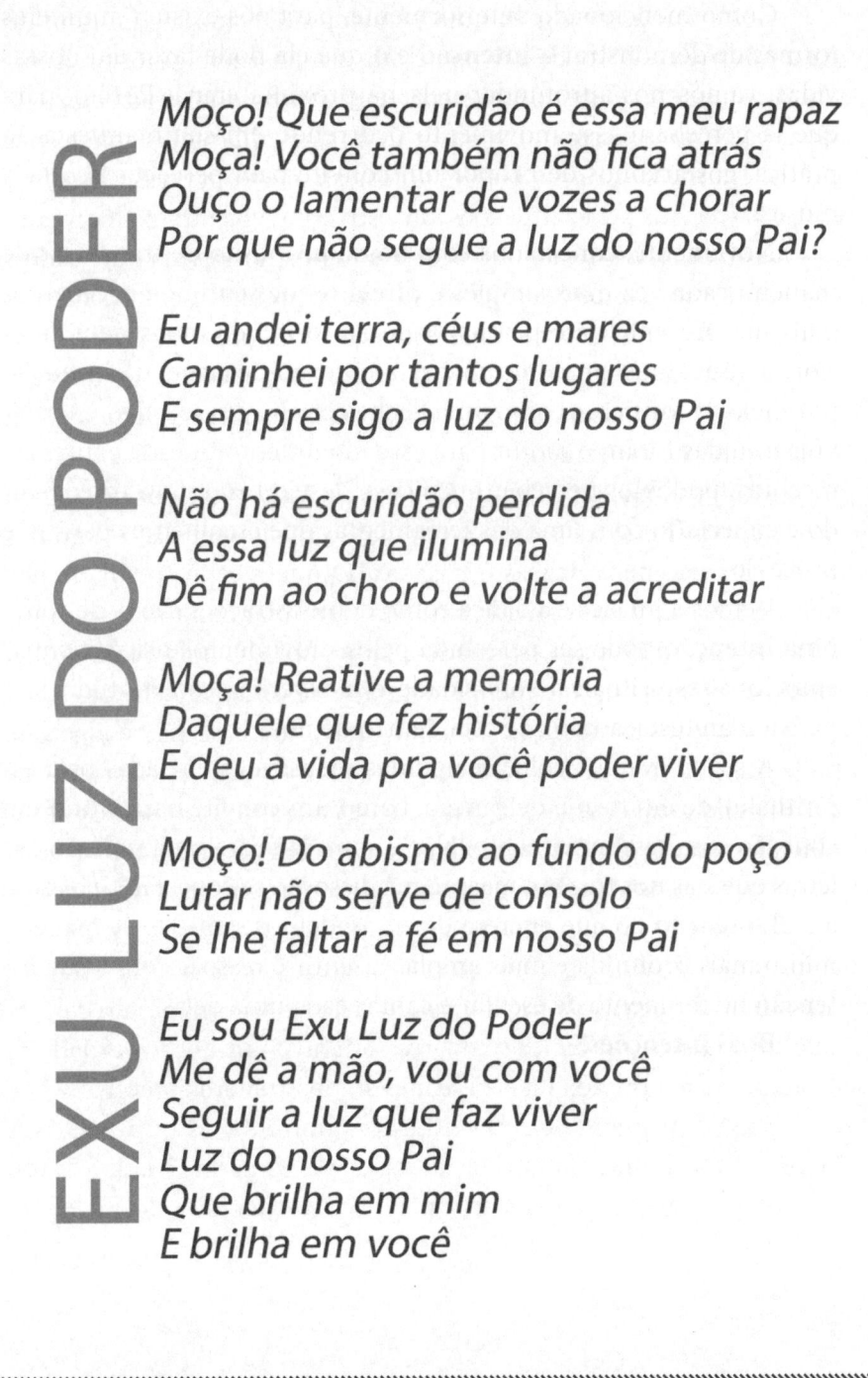

Moço! Que escuridão é essa meu rapaz
Moça! Você também não fica atrás
Ouço o lamentar de vozes a chorar
Por que não segue a luz do nosso Pai?

Eu andei terra, céus e mares
Caminhei por tantos lugares
E sempre sigo a luz do nosso Pai

Não há escuridão perdida
A essa luz que ilumina
Dê fim ao choro e volte a acreditar

Moça! Reative a memória
Daquele que fez história
E deu a vida pra você poder viver

Moço! Do abismo ao fundo do poço
Lutar não serve de consolo
Se lhe faltar a fé em nosso Pai

Eu sou Exu Luz do Poder
Me dê a mão, vou com você
Seguir a luz que faz viver
Luz do nosso Pai
Que brilha em mim
E brilha em você

Gostaríamos de trazer uma pequena reflexão, que faz sentido para nós, de como pode ser percebida a mensagem anterior. Lembrando que se trata da nossa interpretação individual. Cada etapa da vida, podemos interpretar e sentir de formas diferentes as mesmas coisas. Inúmeros fatores podem interferir nesse processo, desde o histórico de vida até as situações que estiverem vivendo no momento que ler ou ouvir a canção. Isso ocorre em toda nossa vida e em tudo a que estivermos conectados. Muitas vezes, podemos escutar a mesma música e, dependendo de onde estivermos e como estivermos nos diversos âmbitos da vida, sentir e interagir com ela de modo diferente. Por isso ressaltamos que cada um terá sua própria experiência em cada momento específico.

Muitos têm a ideia de que Exu vai fazer as coisas por nós e para nós, e se confundem fazendo uma relação com escuridão e algumas vezes energias mais densas e pesadas. O que a espiritualidade nos pontua é que Exu nos convida para um caminhar conjunto, segurando as nossas mãos para estar lado a lado com ele, pois a Luz do Pai habita em todos nós, independentemente de onde estivermos.

Em alguns momentos, achamos que a força de Exu é algo que pode trazer um alvoroço, mas seu verdadeiro poder está na sutileza das dificuldades da vida. Ele nos provoca a assumir nossa responsabilidade perante as nossas escolhas, e perceber como somos responsáveis pelas consequências de nossos atos, pensamentos e palavras.

Exu mostra que somos nós que criamos a escuridão, e ele vem com sua luz Divina para nos auxiliar a enxergar para onde estamos indo. Exu carrega a sua força e poder, firme e seguro, para reconhecer que qualquer mudança só ocorre com nossa **intenção** verdadeira de adentrar na jornada da evolução pelo nosso merecimento.

Exu é um grande Orixá da Luz, como todos os outros Orixás também são. É uma manifestação da Luz Divina do Criador. É um mestre que nos ensina mais uma perspectiva da Vida e do Viver.

PROTEGIDO EU SOU

Eu já mandei avisar
Ao meu destino
Dos meus caminhos
Dono eu sou

E assim que o dia raiar
Lanço em meus caminhos
Energia de amor

Eu já avisei a noite
A todo tipo de magia
Que para guardar meu sono
Entrego a Deus os
meus caminhos
E a Santa Virgem Maria

Ronda meu pai Ogum
Ronda meu pai Xangô
Exu ronda os meus caminhos
Sei que não estou sozinho
Protegido eu sou

Mais uma vez, percebemos na canção anterior, o empoderamento de nós mesmos, a nossa responsabilidade dentro de nosso processo e de nossas escolhas, que precisamos fazer a nossa parte, para que possamos nos conectar e permitir que a espiritualidade tenha uma ação mais ativa e consciente em nosso dia a dia.

Podemos ver claramente que a nossa **intenção** é o guia principal para atrair a proteção e a companhia dos seres de luz em nossos caminhos. Não estaremos sozinhos na jornada, mas precisamos fazer o movimento inicial de conexão com as frequências que desejamos ressoar.

Um dos motores desse sentir é a FÉ em ação, a FÉ que nos permite construir tudo de que precisamos e manifestar o que for necessário para cumprir nossa missão.

Permitir e fazer a nossa parte, para que a espiritualidade possa agir em nós. Lembrando sempre que é nossa escolha. E o que nós emitirmos de **intenção** é o que iremos atrair.

PRECE ÀS SANTAS ALMAS

Somos filhos de Nossa
Senhora das Santas
Almas que vem trabalhar

Chame o bem
Faça o bem
Peça o bem
Plante o bem que
o bem colherá

Somos filhos de
Jesus Nazareno
Das Santas Almas
que vêm trabalhar

Reze também
Diga Axé
Fale amém
Pois com Deus
abençoado estará

Podemos perceber na mensagem anterior que não importa o "credo" a que pertença, mas a sua FÉ e o brilho em seu coração. A FÉ que move montanhas pode mover nossos sentidos, aguçar nossas ideias e ir cada vez mais além de nossa percepção inicial.

O que desejamos, o que pedimos, o que chamamos, o que direcionamos... Todos esses movimentos também fazem parte do que está dentro de nós.

Vamos colher exatamente o que plantarmos. Mas, qual é a nossa **intenção** ao semear, ao cultivar e ao colher algo? Só iremos transmitir o que realmente existir em nosso interior.

Somos emanações de um mesmo Pai/Mãe. Somos membros de um mesmo movimento de FÉ. É sentir e entoar, pois Todos somos UM Só e, assim, todos abençoados da mesma forma, com o mesmo sentir. Sempre em D EU S e com D EU S!

MEUS IRMÃOS

Meus irmãos! Meus irmãos!
A hora é esta em Oração

Pedir a Deus
Meu Pai Oxalá
Meus irmãos
A nossa proteção

Oxalá! Oxalá!
A nossa prece eu vou cantar
Em nome de quem quer proteção

Meu Pai Oxalá
Venha nos ajudar

Ninguém vive só! Somos seres coletivos e totalmente conectados entre si. Somos seres que interagem uns com os outros, e podemos sentir e emanar essa irmandade e fraternidade de forma constante e consciente.

Quando precisarmos uns dos outros, especialmente dos guias e Orixás, só necessitamos elevar nossos pensamentos a eles e permitir a conexão. Somos irmãos e irmãs em carne, mas também com a espiritualidade.

As vozes do coração ressoando uma só canção de amor em direção ao Pai Maior; essa é a **intenção** real que pode existir em nosso coração e guiar os nossos desejos.

E quando fazemos esse movimento de forma individual, se usarmos isso com a conexão coletiva, amplificamos a energia exponencialmente. Conectando-nos com essas bênçãos de forma conjunta de Oxalá, todos poderemos ser e sentir essa mesma vibração e seguir todos lado a lado, em uma só canção, em uma só vibração, em uma só onda de AMOR e realização.

Assim seria a manifestação real da **intenção** verdadeira de que juntos somos mais fortes!

Considerações Finais

"Mas o que acontecerá, se descubro, porventura, que o menor, o mais admirável de todos, o mais pobre dos mendigos, o mais insolente dos meus caluniadores, o meu inimigo, reside dentro de mim, sou eu mesmo, e precisa da esmola da minha bondade, e que eu mesmo sou o inimigo que é necessário amar?"

Carl Gustav Jung

Acredito que com todas as nossas falas ficou nítido que não queremos trazer aqui nenhuma forma de verdade absoluta, nem uma doutrina a ser seguida cegamente sem observar seu sentido maior em suas vidas. Apenas trouxemos partes de um emaranhado imenso que se chama vida e viver, essa contínua e maravilhosa experiência em todos os seus aspectos e até mesmo com seus desafios. Muitas vezes não percebemos o que nossas dores e nossos incômodos querem nos mostrar e, acima de tudo, chamar a nossa atenção para algum aspecto que precise ser eventualmente analisado e quem sabe, em um segundo passo, até ressignificado.

Tudo que existe dentro da vivência humana pode ser de um proveito imensurável se conseguirmos ir lapidando cada vez mais as nossas percepções e verificar quais são os nossos propósitos mais profundos. Tenho um grupo pequeno que reunimos semanalmente para trocar algumas reflexões sobre os mais diversos temas de diferentes perspectivas. E o que falamos repetidamente é para olharmos para dentro e identificarmos o que chamamos de desejo real. Talvez seja esse ponto que nos impulsione e defina todas as escolhas que fazemos em nosso dia a dia, sejam elas conscientes ou não. Digo isso porque muitas vezes não percebemos por que optamos por seguir determinada direção. E aí que está a grande oportunidade para nos conhecermos mais a fundo. São essas escolhas e o que sentimos com elas que nos mostram as possibilidades de nossos caminhos. São esses movimentos que direcionam a nossa vida, o tempo todo. E, de uma vez por todas, precisamos assumir a nossa verdadeira responsabilidade pelo que criamos e emanamos. Muitas vezes, vamos repetindo muitas coisas sem perceber o quanto elas podem estar nos desviando de nosso EU e, portanto, de nossa evolução e crescimento mais conscientes. Porém, se pararmos por um instante e com um olhar mais carinhoso para nós mesmos, perceberemos como podemos ser mais gentis com tudo que fazemos, pensamos e sentimos.

Como seria apenas olhar para si, sem julgamento, só como um observador que contempla o nascer ou o pôr do sol em um dia de primavera?

Todo o caminho que percorremos até aqui e todos os que ainda estão por vir estão nos direcionando, de forma direta e perceptiva, para que possamos perceber cada vez mais quem somos e o que essencialmente nós somos.

Eu particularmente não acredito que exista nada fora do AMOR, apenas experienciamos as diversas formas desse sentimento criador. E sei que até posso e podemos ser e ter sido repetitivos nesse ponto, mas há alguns anos senti algo ressoar dentro de mim que até hoje define e determina as minhas ações. E tento na medida de minha própria inconsciência e ignorância compartilhá-lo e vivê-lo em cada ato meu. Sei que muitas vezes falho e me perco no meio do caminho, mas respiro fundo, volto para meu EU mais profundo e tento sentir que fiz e faço sempre o melhor que tenho em cada situação, seguindo todos os elementos de que tenho clareza e a disposição em cada escolha. Bem, enquanto houver um só coração sedento de AMOR e necessitado sentir algo que nem saiba o que é, lá estaremos (encarnados e seres de luz, todos juntos) para trazer uma expressão de AMOR e cuidado. Então, enquanto houver um coração na Terra desejoso de AMOR e compreensão, sempre estaremos dispostos ao serviço simples e gentil de acolher e aguardar uma escolha consciente de ir adiante em seu próprio processo evolutivo.

Às vezes, precisamos sentir e observar a ressonância do que sentimos em tudo que fazemos. E uma delas, que vibra constantemente em minha mente, é o verdadeiro significado do SER e ESTAR, seja como humano, seja como ser essencial universal. Não vejo diferença nem distinção entre ambas as coisas. Afinal, tudo está integrado e interagindo o tempo todo.

Ao escrever estas palavras, lembrei-me de uma reflexão ocorrida por intuição em meados do ano de 2020, que a seguir gostaria de compartilhar para que cada um possa sentir, muito mais que as palavras, os sentidos que elas carregam e podem trazer.

E mais um convite: gostaria de propor que não apenas leiam as palavras. Sim, isso mesmo, não as leiam. Permitam deixar os olhos passar pelas letras, abram-se para que possam sentir sua verdadeira vibração atingir cada célula que compõe seus corpos. Apenas sintam...

...

SER HUMANO X ESTAR HUMANO... EIS A QUESTÃO

O conceito de despertar de consciência de que tanto falamos está totalmente atrelado aos movimentos que estar como humanos proporciona. Aqui, ressaltaremos a importância de se entender a diferença do que é "SER HUMANO X ESTAR HUMANO".

Independentemente de onde ou como surgiu a emanação primeira de sua fonte de vida, tudo é passageiro e mutável, em todos os universos da criação. Todos e tudo, de uma forma ou outra, são emanações de uma mesma fonte e centelha da mesma fonte criadora. Essa é a grande dificuldade de compreensão quando nos encontramos em experiências nas dimensões ou planetas que ainda vivem na dualidade e na ilusão da separação. Partindo dessa premissa, TODOS SOMOS UM, simbólica e literalmente.

Quando algumas desconexões acontecem, temos a ideia de que algo está errado, e confusões e desequilíbrios surgem nesses momentos.

O "estar" humano refere-se exatamente a esse esquecimento momentâneo que ocorre quando a vivência está direcionada às dimensões ainda sem a consciência do Todo e do fogo Criador. As emoções têm muito a ver com esse aprendizado de compreender uma manifestação bem peculiar do Criador. O fogo que dá origem à vida, seja qual for, tem sua impulsão inicial no AMOR divino, que faz parte de todas as criaturas. Essa energia possui várias demonstrações diferentes. No plano humano, a vivência dessa fonte primeira está ligada às emoções, que diariamente inundam o corpo e a mente de cada ser nesta jornada. Compreender e aceitar as emoções, qualquer que seja sua expressão, fazem parte do caminho de dar mais um passo em direção ao autoconhecimento, ao despertar de si mesmo. Isso faz parte de encontrar sua própria identidade, sua missão, seu contato com as raízes de seu espírito.

Todos os movimentos são escolhas conscientes, que podem proporcionar uma evolução muito mais rápida, se conseguir suprir a carência e superar as resistências que surgem. Essa dificuldade em deixar fluir pode ser consciente ou não. A diferença no peso e no tempo para a realização desse caminhar está direcionada pelas emoções e sentidos de suas decisões. Voltamos aqui a falar da expressão "não humana". Não se sentir onde está ou perceber o tamanho da desconexão com o seu entorno relaciona-se à resistência que tem por onde decidiu estar neste momento. A escolha é de cada um, sem exceção. Ao se deparar nesta dimensão, com o esquecimento e a ilusão da separação, pensa e sente que está em um ambiente primitivo e aversivo. E, na verdade, foi a experiência que escolheu para este aprendizado. Inclusive, em alguns momentos, para auxiliar outras almas no caminho de retorno ao Criador. A existência é um contínuo movimento, uma viagem sem fim e sem destino certo, em que o guia é seu próprio coração.

Não há um botão, palavra ou até imposições para que o despertar aconteça.

Às vezes, não há nada a fazer... Simplesmente relaxar e deixar fluir. Sinta as mudanças de percepção que isso proporciona. Sinta e perceba os sinais surgindo de forma natural e fluídica, de dentro para fora, saindo de seu interior e indo para o universo, partindo de seu *centro cardíaco e seguindo... direcionados para os movimentos mais assertivos para o que foi sua escolha, antes de chegar onde está neste momento. Seus sentimentos dizem isso, e as emoções são as demonstrações e o peso na balança, para onde está sendo levado.*

O sentir não é perder o controle, quanto imagina, mas se conectar com sua essência, para que ela lhe direcione para o melhor caminho. Sentir e observar e, às vezes, apenas sentir...

Esse processo se trata de uma desconstrução de sua sociedade e padrões atuais, porém pode ser seu trampolim de liberdade. Ser livre é a essência de toda criatura.

Estar como humano não é uma prisão, mas uma possibilidade de compreender mais uma parcela da criação, mais um nível de aprendizado, como se fosse mais uma parada nesta longa caminhada existencial.

Sinta a ressonância dessas energias/sintonias, apenas sinta... Depois de despertar esse sentir, é natural e certo que as respostas (e muitas outras perguntas, é claro) irão surgir.

Apenas perceba esses movimentos, que o humano lhe proporciona, para aí sim atingir um nível mais profundo de sua jornada.

Não tenha medo de suas emoções, ou o que elas podem lhe proporcionar. Aceite-as, permita que elas façam parte de seu ser, e conseguirá então transformá-las e as direcionar para o melhor que desejar, de forma consciente.

Traga suas emoções para a superfície, para que possa conhecer sua parcela humana; alcançá-las e transmitir o que for necessário para sua liberdade.

No movimento da criação... SOMOS!

Esses são os movimentos neste instante!

QUE ASSIM SEJA E ASSIM SE FAÇA! POIS ASSIM O É!

LUZ...
(intuição em jun./2020)

Eu vejo e sinto a Nova Era, como outras tantas eras, porém neste momento com uma oportunidade de adentrar em um nível mais desperto de consciência e de percepção integrativa com o Todo. Percebo e sinto como uma porta aberta para novas formas de interação com nosso próprio EU, e possibilidades de clarificarmos cada vez mais quem somos e o que estamos fazendo aqui. Essa caminhada é individual, mas estando em um mundo coletivo, podemos atingir potencialidades imensas se conseguirmos fazer esses movimentos de maneira consciente e conjunta.

Se sou AMOR como tudo que existe, todos nós o somos. E quanto mais despertos estivermos, maior será a amplitude para todos lembrarmos que essencialmente EU está em D EU S, e D EU S está no EU de tudo que existe. Todos somos a essência, e todos somos AMOR.

E como disse Carl Gustav Jung a respeito de estar diante de outro: *"Diante de uma alma humana, seja apenas uma outra alma humana".*

Que possamos ser o que somos, diante de todos e tudo que existe. E muito além do adentrar na Nova Era, que possamos expandir e nos tornarmos Novas Consciências, mais despertos e mais conectados com a presença criadora que habita em tudo e em todos.

...

ANUNCIAÇÃO

Saudações, queridos e amados companheiros de jornada!

Saudamos e bendizemos a cada um de vocês e suas egrégoras espirituais, pela coragem, empenho e disposição, pela escolha de estar no plano onde se encontram neste momento. Sabemos que se trata de um momento de perturbações, confusões, medos, ansiedades e muitos outros sentimentos que podem colocar à prova sua fé e seu valor individual e coletivo. Mas viemos para lhes trazer algumas palavras do nosso lado do véu. Sabemos, até por ter vivenciado os martírios emocionais em que se encontram, o quanto as cargas dessas emoções pesam em seu dia a dia. Mas se atentem em suas expressões mais profundas e divinas... Aquelas adormecidas em seu coração e nos mais profundos canais de conexão com sua essência criadora. Estamos vendo tanta dor e sofrimento em suas mentes cansadas, oprimidas pelas dores do momento e pelo sofrimento pelos dias que estão por vir.

Ah... Adorados irmãos, se pudessem contemplar o que vemos daqui... Com toda certeza seus espíritos se abrandariam e até alegres ficariam por cada passo dado, por cada partícula vivente neste amado planeta. Como são vitoriosos por tudo que passaram em tantas encarnações para estarem aí se curando e se libertando, neste momento. Meus amados irmãos, como amamos vocês... No silêncio da criação, no som sutil e sensível de seus corações, como temos amor e respeito pelo que se tornaram e por tudo que fizeram até aqui. Nós lhes agradecemos, em nome de nossa egrégora espiritual do lado de cá. Como os abençoamos, agraciados pela beleza do movimento do despertar de cada um que lê estas palavras. Cada um de vocês é um pedacinho nosso, deslocado e separado de nossa centelha criadora para mais um degrau de sua experiência, não somente terrena, mas também universal. Como é bom sentir seu caminhar, mesmo que pelo vale das sombras, pois bem no fundo, mesmo ainda não sabendo de forma consciente, estão caminhando pelas sombras de sua própria alma, para iluminar e irradiar ainda mais o brilho deste nosso amado planeta. E dizemos "NOSSO" sim, queridos irmãos, pois o planeta faz parte de cada um de vocês, assim como fazem parte de cada partícula da amada Gaia, da amada Terra como a chamam. Como amamos, e a cada escolha que fizeram até aqui, pois cada uma delas, sem dúvida, serviu para o passo seguinte em seu canal evolutivo. E honramos a cada um pela vontade e desejo real de se voluntariar para nos acompanhar, do outro lado do véu, para essa grande expressão divina.

Sabemos, amados irmãos, dos tormentos de seus corpos físicos, mentais e emocionais... Sabemos o quanto e quantos sofrem pela falta de conexão e expressão com o divino dentro de vocês. Por isso viemos, para relembrar o tamanho das montanhas que já escalaram. E apesar das cicatrizes adquiridas nos tempos, continuam sua jornada. Como os honramos e bendizemos, por sua escolha de continuar, mesmo na escuridão de sua densidade e na cegueira momentânea de suas vestes corpóreas, e ainda por todo peso e dificuldade que seu invólucro humano possui.

Mas pedimos, sagrados e amados irmãos, que parem neste momento. Não para somente ler estas palavras, mas também para se abrirem para o novo e sentir sua própria plenitude divina. Façam uma respiração profunda... bem profunda... mais profunda que puderem e conseguirem... Sintam as bênçãos do divino recair sobre vocês, como um sopro dos ventos em seus corpos, como banho de uma luz dourada e prateada, como gotas de orvalho da manhã tocando todos os seus corpos... Respirem... Respirem... Respirem...

Como é maravilhoso ver e sentir o quanto estão se abrindo, mesmo diante de tanta resistência e insegurança!

Não há o que temer, amados, nem mesmo a passagem para o lado de cá do véu!

O medo, a angústia, as dores e os sofrimentos pelos quais estão passando são apenas resquícios de um velho padrão que já não existe mais, são resultados da grande luta de uma parcela dentro de vocês – e bem pequena por sinal – que grita e se debate, frenética e desesperadamente, por receio do novo. Observem o quanto suas estruturas foram abaladas, sejam internas ou externas, individuais ou coletivas. Observem o que vem à superfície, que surge das profundezas mais longínquas de seu ser... Reforçamos... Tudo isso é cura, amados... A cura que há tanto pediram e agora os frutos começam a brotar. Não há nada a temer... Está tudo bem... Olhem o quanto já foi superado, o quanto já venceram... Não há o que temer...

A cura mais profunda já se iniciou nos corpos de cada um de vocês. Esses corpos que foram emprestados pela grande mãe Terra, para que experienciassem esta jornada. Não há o que temer...

Viva cada dia em sua plenitude, com o melhor que tiverem em cada momento. Nós, do lado de cá do véu, continuamos e continuaremos honrando e bendizendo, amparando, em oração junto a vocês e suas egrégoras neste momento. Estamos juntos... Assim como juntos nos criamos e nos fortalecemos, juntos iremos despertar e atingir mais um nível na direção do Divino Criador.

Que a maior e mais profunda cura seja pelo motor que move, mantém, alimenta e expande o todo, de toda a criação... O AMOR...

Que o amor se derrame em cada passo, cada pensamento, cada emoção, cada fala e cada olhar... Que o amor cure todas as feridas de sua alma criadora e todos os corpos que os formam neste momento.

Que o amor possa dar-lhes consciência plena sobre seu existir e auxílio àqueles que mais necessitam neste momento. Que o amor possa se irradiar por e para todas as células de seus corpos. Se assim o for na sua consciência, que por uma centelha de segundo possam sentir e reverenciar o ser de luz que habita em vocês, que habita e aguarda o desejo de se expandir e brilhar como foram criados para ser.

Que o amor possa abrir suas mentes e corações para a verdade suprema da eternidade da criação. E que esse mesmo amor possa acalantá-los nos dias mais obscuros. Em seu centro cardíaco, encontra-se a grande morada de seu ser criador em sua divina forma e manifestação de luz. E essa luz é apenas uma centelha desse infinito AMOR que lhes foi dado e para o qual foram criados.

Sua luz é seu próprio amor condensado nessa forma e expressão luminosa, para ver e sentir a chama criadora. Não somente que habita em seu interior, mas a chama criadora que É o que cada criatura se fez e se faz, pois cada criatura É essa própria chama em ação.

Apenas se tornem AMOR neste momento e poderão ver tudo se transformar, assim como a divina chama sagrada o faz desde a criação primordial, do eterno ao infinito.

Deixamos e emanamos nestas palavras nosso mais profundo apreço e a mais plena irradiação de nosso centro cardíaco para tudo e todos...

MUITO AMOR...
MUITA LUZ...
MUITA PAZ...
E MAIS E MAIS AMOR... SEMPRE!
De seus amigos e irmãos do lado de cá...
B. M. e C. X. (intuição em 28/abr./2020)

Com mais um presente da espiritualidade, faço de todos os meus EUs as palavras anteriores. Que possamos ver, perceber, ouvir e sentir tudo que somos e as nossas conexões. Que possamos nos lembrar que somos herdeiros cósmicos e estelares de todo universo, que temos tudo de que precisamos para nossa evolução e despertar, basta nos lembrarmos disso para acessar e permitir que todo nosso potencial venha à tona.

Imaginem uma pequena semente, que possui todo o código e potencial necessário para se tornar uma árvore frondosa e, por vezes, frutífera. É mais uma demonstração que tudo se move no universo, dentro e fora de nós. E todos os recursos de que precisamos para atingir o máximo de nosso poder estão adormecidos em cada uma de nossas células.

Poder estar aqui neste momento no planeta é um desafio muito grande, mas com certeza um imenso privilégio, individual e coletivo, que podemos experienciar e levar para os nossos próximos passos de evolução como humanos e além das estrelas. Afinal, Todos Somos UM, onde quer que estejamos. Todos somos estrelas, e todos somos terra, água, fogo e ar... E espíritos eternos e infinitos, centelhas divinas da Criação.

AXÉ!
SARAVÁ!
AMÉM!
SHALOM!
SALAMALEICO!
SAT NAM!
NAMASTÊ!

Murillo Hiarlley

> *"Não importa o que os outros falam da sua religião, mas sim o que sua religião fala para você!"*
> Caboclo Ubirajara

Quando leio essa frase do Caboclo Ubirajara, fico refletindo sobre qual seu propósito e o que de fato ela sinaliza para mim. O que sinto de interessante é que não falou de nenhuma religião específica, ele impulsiona a espiritualidade, e o que faz sentido e o deixa feliz. Precisamos olhar para o outro e para o mundo sem preconceitos, sem julgamentos, sem exclusões, sem idolatrias, sem afastar nem dar prioridades a ninguém. E ele não falou isso dentro da Umbanda, mas trouxe em um contexto muito mais amplo e aberto a toda e qualquer doutrina. É simplesmente fazer o bem pelo desejo real e verdadeiro de fazer pelo sentir. Podemos fazer isso seguindo nosso coração, percebendo o que faz sentido para nossos sentimentos, e onde nos sentimos à vontade e conectados para cumprir nossa missão.

Para mim, o que a espiritualidade mais nos ensina e nos impulsiona é despertar e praticar o amor puro e verdadeiro a todo momento, em tudo que fizermos. Mas será que, no nível de consciência que temos hoje, conseguimos perceber qual o verdadeiro significado disso tudo?

Eu particularmente acredito e sinto que esse movimento é o que a espiritualidade tenta nos ensinar e nos preparar. Mas ainda não conseguimos ser naturais nesse processo de emanação e prática desse amor puro e verdadeiro. Estamos em uma fase na qual precisamos praticar tudo isso de outras formas. Uma das perspectivas em que vejo isso ocorrendo é pelo sentimento de fraternidade e irmandade que, na minha visão, temos de desenvolver em todas as nossas relações. As entidades, dentro do terreiro de Umbanda, nos mostram que somos uma família, e com todas as suas ações nos ensinam como podemos nos aprofundar no respeito a cada um e no tempo que cada pessoa tem para percorrer a jornada. Elas nos demonstram a cada palavra, cada cuidado, cada acolhimento, que se elas podem, nós também podemos fazer isso, por nós mesmos e uns pelos outros.

Claro que sabemos o quanto o crescimento e a evolução fazem parte de uma escolha e de uma caminhada individual, e ocorrem de acordo com a capacidade e o merecimento interno de cada pessoa. Mas isso não impede que eu possa desejar o bem para quem está do meu lado, que possa desejar que a pessoa tenha prosperidade e abundância em sua vida em todos os sentidos. Podemos praticar isso tendo e demonstrando um interesse claro e genuíno pelo bem-estar das pessoas, um interesse de que todos estejam bem, que o planeta e todas as criaturas que estão nele também estejam bem. É o despertar da compaixão sincera, assim como o mestre Jesus veio nos mostrar. E ele nos disse que todos podemos fazer isso, que é possível, apesar das adversidades de nossas vidas.

Precisamos praticar o amor dessa forma, caminhando juntos e de mãos dadas. Mesmo que cada um siga seu próprio passo, todos podemos seguir conectados, dando forças uns para os outros quando necessário. Isso para mim é ter uma noção do que é o amor puro e verdadeiro que a espiritualidade tanto realiza por nós. Sendo humanos, praticando essa fraternidade e essa irmandade, nos direcionamos para o verdadeiro amor de D EU S. E sinto que a espiritualidade vem nos mostrando isso de diversas formas, em todos os lugares. Podemos ver esse movimento de compreensão e cuidados ocorrendo em todas as religiões e doutrinas, cada uma à sua maneira.

Praticando o amor dessa forma, aumentamos nossa percepção do que o planeta sente. Poderemos sentir a mata queimando, os animais agonizando, os vegetais sofrendo, os elementais em dor, o rio secando, além de todos os desequilíbrios em todos os nossos irmãos. E tendo essa consciência desperta, poderemos direcionar nosso auxílio para cada ser e local necessitado, quando for requisitado.

Da mesma forma ocorre se tudo estiver equilibrado, harmonizado, com o amor desperto e consciente, com uma vibração de luz constante. Conectando-nos com todo esse movimento, podemos atingir proporções ainda inimagináveis para nossa mente. Quanto mais amor vibramos, mais amor emanamos, mais amor criamos e mais amor direcionamos para todos que precisarem. Imaginem como seria maravilhoso todos cantando a mesma canção de amor e ressoando por todo o universo!

Eu sinto a Nova Era como uma era que temos essa oportunidade de nos reconectarmos mais com nossa essência e, com isso, percebermos todas as interações que temos com tudo e todos. Esse é o meu desejo, meu propósito, meu sentido maior em vida e na espiritualidade.

Afinal, Todos Somos UM, certo?

Muito Axé, para todas e todos. Para cada credo, cada doutrina, cada filosofia e cada crença. Muito Axé, de todas as maneiras em seus corações. Muito Axé e bênção, à sua maneira, ao seu sentido, na forma que seu coração ressoar e vibrar. Muito Axé, nas diversas expressões do AMOR de D EU S.

Sandro Luiz

MADRAS® Editora

Para mais informações sobre a Madras Editora,
sua história no mercado editorial
e seu catálogo de títulos publicados:

Entre e cadastre-se no site:

www.madras.com.br

Para mensagens, parcerias, sugestões e dúvidas, mande-nos um e-mail:

marketing@madras.com.br

SAIBA MAIS

Saiba mais sobre nossos lançamentos,
autores e eventos seguindo-nos no facebook e twitter:

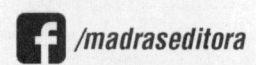

@madrased

/madraseditora